令和元年 改正会社法

改正の経緯とポイント

野村修也
奥山健志 編著

有斐閣

はしがき

　2005（平成17年）に制定された「会社法」に本格的な改正が加えられたのは，今回が2度目となります。

　本改正は，急速に進化するコーポレート・ガバナンス改革の流れを汲んだものですが，同時に，この機会を捉えて，実務の中で浮き彫りになっていた様々な立法論も拾い上げられたため，その内容は広範囲に及びます。また，技術的な改正点も多く，完璧に内容を把握するのは容易ではありません。

　もしも今この本を手に取られた方が，この難易度の高い改正を正確に理解したいと考えておられるのであれば，次の点に留意して解説書を選ばれることをお勧めします。

　まず第1に，2020（令和2）年11月27日に公布された「会社法施行規則等の一部を改正する省令」（法務省令第52号）を組み込んで執筆されているかどうかです。言うまでもなく会社法の条文の多くは，その細則を法務省令に委ねていますので，いくら会社法の条文を分かりやすく解説していても，正確な知識を提供したことになりません。この点，本書は，この法務省令を十分に吟味して内容に加味していますので，安心してお読みいただくことができます。

　第2に，執筆者が実務に精通しているかどうかです。今回の改正の多くが，会社法の運用を通じて発見された実務上の課題を背景としていることはすでに述べたとおりです。本書の執筆者は，編者の奥山をはじめすべての者が，森・濱田松本法律事務所において会社法に関する先端的実務に従事しています。その意味で，本書の解説は，実務上の課題を十分に踏まえた内容となっています。

　第3に，改正された制度の理論面から見た本質と，今回の改正審議を正確にフォローしているかどうかです。その点，編者の野村は，大学で長年にわたり会社法を研究してきた実績があり，今回の改正でも法制審議会会社法制部会の委員として深く関与しました。その意味で，本書には，学問的観点からみた批判的考

i

察や，審議に参加した者だけが共有している真の立法趣旨の解説が加えられています。しかも，野村は，森・濱田松本法律事務所の客員弁護士として，奥山らとともに会社法の実務にも従事していますので，他の執筆者との連携も十分に保たれています。

　本書は，以上のような特徴を持っていますので，会社法に関心を持つ実務家の皆さんはもちろんのこと，法学部や法科大学院で会社法を学ぶ学生の皆さんにも，必ずやお役に立てるものと確信いたしております。我が国のコーポレート・ガバナンス改革は，形式的対応から実質的変革への進化を求められています。分量的にはコンパクトな書物ですが，その質の高さを通じて，本書が新たな時代の流れを推し進める一助となることができればと願っております。

令和 3 年 1 月

編著者　野村修也

奥山健志

執筆者紹介

〈編著者〉

野村修也 （のむら　しゅうや）　第1部

1985 年	中央大学法学部卒業
1987 年	中央大学大学院法学研究科博士前期課程修了（法学修士）
1989 年	中央大学大学院法学研究科博士後期課程中退
1998 年	中央大学法学部教授
2004 年	中央大学法科大学院教授，弁護士登録，森・濱田松本法律事務所入所
現　在	中央大学法科大学院教授，弁護士（森・濱田松本法律事務所客員弁護士）

主要著作　「座談会『令和元年会社法改正』」法の支配199号（共著，2020年），『コンプラ
　　　　　イアンスのための金融取引ルールブック〔2020年版〕』（監修，銀行研修社，
　　　　　2020年），『法務の技法シリーズ・経営の技法』（共著，中央経済社，2019年），
　　　　　「国内陸上物品運送に関する改正」ジュリスト1524号（2018年），「内部統制シ
　　　　　ステム」岩原紳作ほか編『会社法判例百選〔第3版〕』別冊ジュリスト299号
　　　　　（2016年），『平成26年会社法改正 改正の経緯とポイント 規則対応版』（共編，
　　　　　有斐閣，2015年）ほか

奥山健志 （おくやま　たけし）　第2部第2章第1節，第6章第2節，第4～5節

2002 年	早稲田大学法学部卒業
2003 年	弁護士登録，森・濱田松本法律事務所入所
2014 年	早稲田大学大学院法務研究科准教授
現　在	弁護士（森・濱田松本法律事務所パートナー）

主要著作　「多重代表訴訟の訴訟手続に関する実務の視点からの検討」三木浩一ほか編『民
　　　　　事手続法の発展 加藤哲夫先生古稀祝賀論文集』（成文堂，2020年），『新しい役
　　　　　員責任の実務〔第3版〕』（共編著，商事法務，2017年），『株主総会の準備事務
　　　　　と議事運営〔第4版〕』（共著，中央経済社，2015年），『平成26年改正会社法
　　　　　改正の経緯とポイント 規則対応版』（共編著，有斐閣，2015年），ほか

〈著者〉

石井裕介（いしい　ゆうすけ）第 2 部第 3 章第 1 節

1999 年　東京大学法学部卒業
2000 年　弁護士登録，森・濱田松本法律事務所入所
2004 年　法務省民事局にて執務（会社法現代化に関する改正作業を担当）
2009 年　ニューヨーク州弁護士登録
2016 年　一橋大学大学院法学研究科（法科大学院）非常勤講師
現　在　弁護士（森・濱田松本法律事務所パートナー）
主要著書　『論究会社法──会社判例の理論と実務』（共著，有斐閣，2020 年），「座談会
　　　　　令和元年改正会社法の考え方」『令和元年改正会社法 2──立案担当者・研究者
　　　　　による解説と実務対応』（共著，別冊商事法務 454 号，2020 年），「グループ内部
　　　　　統制システムの構築・運用と監視・監督」旬刊商事法務 2157 号（共著，2018
　　　　　年），『新しい事業報告・計算書類──経団連ひな型を参考に〔全訂版〕』（共編
　　　　　著，商事法務，2016 年）ほか

太子堂厚子（たいしどう　あつこ）第 2 部第 2 章第 2 〜 3 節

1999 年　東京大学法学部卒業
2001 年　弁護士登録，森・濱田松本法律事務所入所
現　在　弁護士（森・濱田松本法律事務所パートナー）
主要著作　「TOPIX500 構成銘柄企業にみる監査等委員会設置会社の指名・報酬の規律──
　　　　　指名・報酬に関する意見陳述権の行使状況を中心に」旬刊商事法務 2186 号（共
　　　　　著，2018 年），「Q&A 監査等委員会設置会社の実務」（商事法務，2016），『株主
　　　　　提案と委任状勧誘〔第 2 版〕』（共編著，商事法務，2015）ほか

代　宗剛（だい　むねたか）第 2 部第 5 章

2003 年　東京大学法学部卒業
2005 年　弁護士登録，森・濱田松本法律事務所入所
現　在　弁護士（森・濱田松本法律事務所パートナー）
主要著作　『変わる株主総会』（共著，日本経済新聞社，2018 年），『平成 26 年改正会社法
　　　　　改正の経緯とポイント 規則対応版』（共著，有斐閣，2015 年），『Q&A 株式・組
　　　　　織再編の実務 1　キャッシュ・アウト制度を中心に』（商事法務，2015），『M&A
　　　　　法大系』（共著，有斐閣，2015 年）

根本敏光 （ねもと　としみつ）　第2部第4章

2002 年　早稲田大学法学部卒業
2005 年　弁護士登録，森・濱田松本法律事務所入所
現　在　弁護士（森・濱田松本法律事務所パートナー），名古屋大学法科大学院非常勤講師
主要著作　『上場株式取引の法務〔第2版〕』（共著，中央経済社，2019 年），『金融商品取引法——公開買付制度と大量保有報告制度編』（共著，商事法務，2017 年），『大量保有報告制度の理論と実務』（商事法務，2017 年），『金融商品取引法——資本市場と開示編〔第3版〕』（共著，商事法務，2015 年），『エクイティ・ファイナンスの理論と実務〔第2版〕』（共著，商事法務，2014 年）

渡辺邦広 （わたなべ　くにひろ）　第2部第1章第1節，第6章第6節

2004 年　東京大学法学部卒業
2006 年　弁護士登録，森・濱田松本法律事務所入所
2013 年　ニューヨーク州弁護士登録
2013 年　法務省民事局にて執務（平成 26 年会社法改正及びこれに伴う法務省令改正を担当）
現　在　弁護士（森・濱田松本法律事務所パートナー）
主要著作　『論究会社法―会社判例の理論と実務』（共著，有斐閣，2020 年），『一問一答平成 26 年改正会社法〔第2版〕』（共著，商事法務，2015 年），「平成 26 年改正会社法の解説」『立案担当者による平成 26 年改正会社法の解説』（別冊商事法務393 号，共著，2015 年），『立案担当者による平成 26 年改正会社法関係法務省令の解説』（別冊商事法務 397 号，共編著，2015 年）

河島勇太 （かわしま　ゆうた）　第2部第3章第2節

2005 年　東京大学法学部卒業
2007 年　東京大学法科大学院修了
2008 年　弁護士登録，森・濱田松本法律事務所入所
現　在　弁護士（森・濱田松本法律事務所パートナー）
主要著作　『会社法訴訟　株主代表訴訟・株式価格決定』（共著，中央経済社，2017 年），『新しい事業報告・計算書類——経団連ひな型を参考に〔全訂版〕』（共著，商事法務，2016 年），『監査役・監査委員会・監査等委員会』（共著，中央経済社，2016 年）

近澤　諒（ちかさわ　りょう）　第2部第1章第2節

2007 年	東京大学法学部卒業
2008 年	弁護士登録，森・濱田松本法律事務所入所
2017 年	ニューヨーク州弁護士登録
現　在	弁護士（森・濱田松本法律事務所パートナー）

主要著作　「わが国におけるイベント・ドリブン型 CVR 導入の可否（上）・（下）」金融・商事判例 1540 号・1541 号（共著，2018 年），『変わる株主総会』（共著，日本経済新聞出版社，2018 年），「ESG とアクティビズム」会計・監査ジャーナル 776 号（2020 年）

小林雄介（こばやし　ゆうすけ）　第2部第6章第1節，第3節

2007 年	東京大学法学部卒業
2009 年	東京大学法科大学院修了
2010 年	弁護士登録，森・濱田松本法律事務所入所
2019 年	ニューヨーク州弁護士登録
現　在	弁護士（森・濱田松本法律事務所パートナー）

主要著作　『2020 年の議決権行使助言会社の動向』旬刊商事法務 2225 号（共著，2020 年），『会社法訴訟　株主代表訴訟・株式価格決定』（共著，中央経済社，2017 年）

吉田瑞穂（よしだ　みずほ）　第2部第2章第2〜3節

2009 年	京都大学法学部卒業
2011 年	京都大学法科大学院修了
2013 年	弁護士登録，森・濱田松本法律事務所入所
現　在	弁護士（森・濱田松本法律事務所）

主要著作　『コーポレートガバナンス・コードの実務〔第3版〕』（共著，商事法務，2018 年），「TOPIX500 構成銘柄企業にみる監査等委員会設置会社の指名・報酬の規律——指名・報酬に関する意見陳述権の行使状況を中心に」旬刊商事法務 2186 号（共著，2018 年）

奥田亮輔（おくだ　りょうすけ）　第2部第1章第2節

2012 年	京都大学法学部卒業
2013 年	京都大学法科大学院中退
2014 年	弁護士登録，森・濱田松本法律事務所入所
現　在	弁護士（森・濱田松本法律事務所）

主要著作　『コーポレートガバナンス・コードの実務〔第3版〕』（共著，商事法務，2018 年）

中尾匡利（なかお　まさのり）　第2部第3章第1節

2011年　京都大学法学部卒業
2013年　東京大学法科大学院修了
2014年　弁護士登録，森・濱田松本法律事務所入所
現　在　弁護士（森・濱田松本法律事務所）
主要著作　「パンデミックと株主総会」信託フォーラム14号（共著，2020年），『コードに
　　　　　対応したコーポレート・ガバナンス報告書の記載事例の分析〔平成28年版〕』
　　　　　（別冊商事法務416号，共著，商事法務，2017年）

樋口隆明（ひぐち　たかあき）　第2部第5章

2014年　一橋大学法学部卒業
2015年　弁護士登録，森・濱田松本法律事務所入所
現　在　弁護士（森・濱田松本法律事務所）

桑原周太郎（くわはら　しゅうたろう）　第2部第1章第1節，第6章第6節

2013年　東京大学法学部卒業
2015年　東京大学法科大学院中退
2016年　弁護士登録，森・濱田松本法律事務所入所
現　在　弁護士（森・濱田松本法律事務所）

香川絢奈（かがわ　あやな）　第2部第2章第1節

2014年　東京大学文学部卒業
2016年　東京大学法科大学院修了
2017年　弁護士登録，森・濱田松本法律事務所入所
現　在　弁護士（森・濱田松本法律事務所）
主要著作　「中間試案からどこが変わった？「会社法制（企業統治等関係）の見直しに関す
　　　　　る要綱」のポイント」企業会計71巻5号（共著，2019年）

兼松勇樹（かねまつ　ゆうき）　第2部第3章第2節，第6章第1節，第3節

2015年　慶應義塾大学法学部卒業
2016年　東京大学法科大学院中退
2017年　弁護士登録，森・濱田松本法律事務所入所
現　在　弁護士（森・濱田松本法律事務所）
主要著作　『機関投資家の議決権行使方針及び結果の分析〔2019年版〕』（別冊商事法務443
　　　　　号，共著，2019年）

水本真矢（みずもと しんや）第2部第4章

2014年　早稲田大学法学部卒業
2016年　東京大学法科大学院修了
2017年　弁護士登録，森・濱田松本法律事務所入所
現　在　弁護士（森・濱田松本法律事務所）
主要著作　『上場株式取引の法務〔第2版〕』（共著，中央経済社，2019年）

近藤武尊（こんどう たける）第2部第6章第2節，第4〜5節

2017年　東京大学法学部卒業
2018年　弁護士登録，森・濱田松本法律事務所入所
現　在　弁護士（森・濱田松本法律事務所）

目　次

第1部　改正の経緯と
コーポレート・ガバナンス改革における会社法の役割

1. 平成26年会社法改正附則25条······················002
2. ソフトローによるコーポレート・ガバナンス改革···············002
3. 経済産業省と日本証券業協会の提言···················003
4. 改正の経緯·······························005
5. コーポレート・ガバナンスの基本的視座と基本としての会社法·······007
　（1）コーポレート・ガバナンス　007
　（2）モニタリングシステム　009
　（3）基本法としての会社法　010

第2部　改正のポイント

第1章　株主総会に関する規律の見直し　　014

第1節　株主総会資料の電子提供制度·····················014

1. 電子提供制度新設の背景·························014
2. 電子提供制度の概要··························016
3. 定款の定め·····························016
4. 電子提供措置·····························018
　（1）電子提供の定義　018
　（2）電子提供の期間　019
　（3）電子提供措置事項　020
　（4）電子提供措置の例外　022
　　　①議決権行使書面　②EDINETを用いた場合
　（5）電子提供の中断　024
5. 狭義の招集通知（アクセス通知）···················027

   6. 書面交付請求 ·· 030
     （1）趣旨・概要　030
     （2）請求権者　030
     （3）請求方法　031
     （4）書面の交付　032
     （5）書面交付終了の通知及び催告　033

   7. 種類株主総会への準用 ··· 035
   8. 施行時期・経過措置 ··· 036
     （1）施行時期　036
     （2）みなし定款変更　037
     （3）施行後6か月の猶予期間　037

第2節　株主提案権 ··· 042

   1. 改正の概要 ·· 042
     （1）提出議案数の制限の導入　042
     （2）株主提案の目的・内容に着目した制限規定の新設の見送り　043

   2. 改正法における提出議案数の制限の規律 ·· 045
     （1）10個を超える数に相当する数の議案に係る議案要領通知請求の拒絶　045
     （2）複数の株主により共同して行使する場合の考え方　045

   3. 議案の数の取扱い（「10」個の数え方） ·· 046
     （1）議案の数え方についての改正法の定め　046
     （2）役員等の選任又は解任等に関する議案（改正法305条4項1号〜3号）　047
      ①役員等の選任又は解任に関する議案の数の取扱い　②会計監査人の不
      再任に関する議案の数の取扱い
     （3）定款の変更に関する議案（改正法305条4項4号）　050

   4. 拒絶する議案の決定方法 ·· 053
   5. 経過措置 ··· 054

第2章　取締役等に関する規律の見直し　055

第1節　取締役の報酬等 ··· 055

   1. 改正の趣旨 ·· 055
   2. 「報酬等の決定方針」 ·· 056
     （1）改正の経緯　056

（2）「報酬等の決定方針」の決定義務付け　057
①「報酬等の決定方針」の決定が義務付けられる範囲　②「報酬等の決定方針」の内容　③「報酬等の決定方針」の決定の委任の可否　④「報酬等の決定方針」の効果　⑤事業報告での開示　⑥「報酬等の決定方針」の改定の要否

（3）株主総会における説明義務の拡大　064
①「相当とする理由」の説明義務の拡大　②「報酬等の決定方針」の説明

（4）適用時期（経過措置）　065

3. 株式報酬等に関連する事項 ……………………………………………067

（1）改正の経緯　067

（2）株式報酬等に係る株主総会決議事項の具体化　068
①改正内容　②適用時期（経過措置）

（3）取締役の報酬等である株式及び新株予約権に関する特則（無償交付の解禁）　071
①概要　②改正内容　③指名委員会等設置会社について　④資本金及び準備金として計上すべき額　⑤適用時期（経過措置）

（4）インセンティブ報酬の種類ごとのポイント　074
①事前交付型株式報酬──リストリクテッド・ストック（RS），パフォーマンス・シェア（PS）等　②事後交付型株式報酬──リストリクテッド・ストック・ユニット（RSU），パフォーマンス・シェア・ユニット（PSU）等　③株式交付信託　④ストックオプション　⑤金銭を交付資産とする業績連動報酬──パフォーマンスキャッシュ，ファントム・ストック，ストックアプリシエーションライト（SAR）等

4. 事業報告における開示の拡充 ……………………………………………078

（1）改正の経緯　078

（2）報酬等に関する記載事項の拡充　079
①報酬等の種類ごとの総額　②業績連動報酬等に関する事項　③非金銭報酬等の内容　④報酬等についての定款又は株主総会決議の定めに関する事項　⑤「報酬等の決定方針」に関する事項　⑥取締役会の決議により報酬等の決定を委任している場合の委任に関する事項

（3）報酬等として付与された株式，新株予約権等に関する記載事項の拡充　084
①職務執行の対価として交付した株式に関する事項　②職務執行の対価として交付した新株予約権等に関する事項

（4）適用時期（経過措置）　086

第2節　補償契約 ……………………………………………………088

1. 改正の経緯 ……………………………………………………………088

（1）会社補償とは　088

（2） 改正前会社法における会社補償及び改正の趣旨　88

2. 改正法の内容 ……………………………………………………………090
（1） 補償契約の相手方　090
（2） 補償の範囲　090
①費用（いわゆる，防御費用）の補償　②損失の補償
（3） 補償契約に関する決定手続　096
（4） 取締役会への報告義務　096
（5） 利益相反取引規制の適用除外　097
（6） 事業報告への記載　098
（7） 株主総会参考書類への記載　099

3. 経過措置 ……………………………………………………………………099
4. 実務への影響 ………………………………………………………………099

第3節　役員等のために締結される保険契約 …………………… 101

1. 改正の経緯 …………………………………………………………………101
（1） 役員等賠償責任保険契約とは　101
（2） 改正前会社法下でのD&O保険及び改正の趣旨　103

2. 改正法の内容 ………………………………………………………………103
（1） 対象　103
（2） 役員等賠償責任保険契約に関する決定手続　104
（3） 利益相反取引規制の適用除外　105
（4） 民法108条の適用除外　106
（5） 事業報告への記載　106
（6） 株主総会参考書類への記載　107

3. 経過措置 ……………………………………………………………………108
4. 実務への影響 ………………………………………………………………108

第3章　社外取締役の活用等　　　　　　　　　　　110

第1節　社外取締役への業務執行の委託 …………………………110

1. 改正の経緯 …………………………………………………………………110
（1） 社外取締役に期待される役割・機能　110
（2） 社外取締役の要件（「業務の執行」）の解釈　111
（3） セーフ・ハーバー・ルールとしての規律の新設　113

2. 改正の内容･･･ 113
　（1）改正会社法 348 条の 2 の意義（セーフ・ハーバー・ルール）114
　（2）社外取締役への業務執行の委託の要件・手続　115
　　①委託の要件　②委託の手続（改正法 348 条の 2 第 1 項及び 2 項）

3. 経過措置･･･ 119
4. 実務上の適用場面･･･ 119

第 2 節　社外取締役を置くことの義務付け等･･･････････････････ 122

1. 改正の経緯･･･ 122
2. 改正の内容･･ 124
　（1）社外取締役の設置が義務付けられる株式会社　124
　（2）違反の効果　125
　（3）株主総会参考書類及び事業報告に関する記載内容の充実　126

3. 適用時期（経過措置）･･ 126
4. 実務への影響等･･ 128
　（1）社外取締役を欠く取締役会決議の効力　128
　（2）社外取締役を選任しない株主総会決議の効力　130

第 4 章　社債の管理　131

第 1 節　社債管理補助者･･･ 131

1. 改正の背景･･ 131
2. 改正の内容･･ 132
　（1）社債管理補助者の設置　132
　（2）社債管理補助者の資格　132
　（3）社債管理補助者の義務　133
　（4）社債管理補助者の権限等　134
　　①社債管理補助者が必ず有する権限　②委託契約に定める範囲内におい
　　て社債管理補助者が有する権限　③社債権者集会の決議によらなければ
　　ならない行為
　（5）特別代理人の選任　138
　（6）社債管理補助者等の行為の方式　139
　（7）2 以上の社債管理補助者がある場合の特則　139
　（8）社債管理補助者の責任　139
　（9）社債管理者等との関係　140

（10）　社債管理補助者の辞任　140
（11）　社債管理補助者の解任　141
（12）　社債管理補助者の事務の承継　141
（13）　社債権者集会　142
（14）　募集事項　144
（15）　社債管理者との比較　145

3.　経過措置 ………………………………………………………………146

第2節　社債権者集会 ……………………………………………………149

1.　改正の背景 ……………………………………………………………149
2.　改正の内容 ……………………………………………………………149
（1）　元利金の減免　149
（2）　社債権者集会の決議の省略　150

3.　経過措置 ………………………………………………………………151

第5章　株式交付　　　　　　　　　　　　　　152

第1節　株式交付制度の創設 ……………………………………………152

1.　株式交付の概要 ………………………………………………………152
2.　改正の経緯・背景 ……………………………………………………153
3.　株式交付が利用可能な場面 …………………………………………154
（1）　主体（株式交付親会社）・対象（株式交付子会社）について　154
　　①持分会社　②外国会社　③清算株式会社
（2）　「子会社とするため」について　156

4.　適用時期 ………………………………………………………………156

第2節　株式交付の手続 …………………………………………………158

1.　手続の全体像 …………………………………………………………158
2.　株式交付計画の作成 …………………………………………………159
（1）　株式交付による譲受けの対象　162
　　①株式交付子会社の株式　②株式交付子会社の新株予約権等
（2）　株式交付の対価　164
　　①株式交付親会社の株式　②株式交付親会社の株式以外の財産

3. 株式交付子会社の株式の譲渡しの申込み等 ·············· 166
　(1)　株式交付子会社の株式及び新株予約権等の譲渡しを
　　　しようとする者への通知　166
　(2)　株式交付子会社の株式又は新株予約権等の譲渡しの申込み　167

4. 株式交付親会社の株式等の譲受人及び譲り受ける株式等の数の
　決定・通知 ··· 168
5. 総数譲渡し契約 ··· 168
6. 株式交付の効力発生 ····································· 169
　(1)　株式交付子会社の株式又は新株予約権等の譲渡し等　169
　(2)　株式交付の効力が生じない場合　171
　(3)　効力発生日の変更　172
　(4)　端数処理　172

7. 株式交付親会社の手続 ··································· 173
　(1)　事前開示手続　173
　(2)　株主総会の決議による承認　174
　　　①原則　②簡易手続（株主総会決議を要しない場合）　③種類株主総会
　(3)　反対株主の株式買取請求手続　177
　(4)　債権者異議手続　177
　　　①趣旨・概要　②債権者異議手続の内容・手続
　(5)　事後開示手続　179

8. 株式交付子会社の手続 ··································· 179

第3節　株式交付に対する救済手段 ························· 180

1. 株式交付をやめることの請求 ····························· 180
2. 反対株主の株式買取請求 ································· 180
　(1)　反対株主の範囲　180
　(2)　買取請求の手続　181
　(3)　株式の価格の決定等　181
　(4)　買取請求の撤回　182
　(5)　買取請求の効力発生　182

3. 株式交付の無効の訴え ··································· 182

第4節　他の法規制との関係 ······························· 184

1. 会社法上の有利発行規制 ································· 184
2. 商業登記法上の規制 ····································· 184

　　3. 金商法上の規制‥‥‥‥‥‥‥‥‥‥‥‥‥‥‥‥‥‥‥‥‥‥‥‥‥‥185

　　　(1) 発行開示規制　185
　　　(2) 公開買付け規制　185

　　4. 社振法上の規制‥‥‥‥‥‥‥‥‥‥‥‥‥‥‥‥‥‥‥‥‥‥‥‥‥186

第6章　その他　　　　　　　　　　　　　　187

第1節　責任追及等の訴えに係る訴訟における和解‥‥‥187

　　1. 改正の経緯‥‥‥‥‥‥‥‥‥‥‥‥‥‥‥‥‥‥‥‥‥‥‥‥‥‥187
　　2. 改正の内容‥‥‥‥‥‥‥‥‥‥‥‥‥‥‥‥‥‥‥‥‥‥‥‥‥‥188
　　3. 経過措置（適用時期）‥‥‥‥‥‥‥‥‥‥‥‥‥‥‥‥‥‥‥‥189
　　4. 実務への影響等‥‥‥‥‥‥‥‥‥‥‥‥‥‥‥‥‥‥‥‥‥‥‥190

　　　(1) 和解をする際の監査役設置会社等の代表者について　190
　　　(2) 利益相反取引該当性について　191

第2節　議決権行使書面の閲覧等‥‥‥‥‥‥‥‥‥‥‥‥‥193

　　1. 改正の趣旨・背景‥‥‥‥‥‥‥‥‥‥‥‥‥‥‥‥‥‥‥‥‥‥193
　　2. 改正の内容‥‥‥‥‥‥‥‥‥‥‥‥‥‥‥‥‥‥‥‥‥‥‥‥‥‥194
　　3. 経過措置（適用時期）‥‥‥‥‥‥‥‥‥‥‥‥‥‥‥‥‥‥‥‥195

第3節　株式の併合等に関する事前開示事項‥‥‥‥‥‥‥197

　　1. 改正の経緯‥‥‥‥‥‥‥‥‥‥‥‥‥‥‥‥‥‥‥‥‥‥‥‥‥‥197
　　2. 改正の内容‥‥‥‥‥‥‥‥‥‥‥‥‥‥‥‥‥‥‥‥‥‥‥‥‥‥198
　　3. 経過措置（適用時期）‥‥‥‥‥‥‥‥‥‥‥‥‥‥‥‥‥‥‥‥200
　　4. 実務への影響等‥‥‥‥‥‥‥‥‥‥‥‥‥‥‥‥‥‥‥‥‥‥‥200

第4節　会社の登記に関する見直し（新株予約権の払込金額の登記，支店所在地における登記制度の廃止，代表者住所の閲覧制限）‥‥‥‥‥‥‥‥‥‥‥‥‥202

　　1. 新株予約権の払込金額の登記‥‥‥‥‥‥‥‥‥‥‥‥‥‥‥‥202

　　　(1) 改正の趣旨・背景　202
　　　(2) 改正の内容　203
　　　(3) 経過措置（適用時期）　204

  2. 支店所在地における登記制度の廃止 ······················205
    （1）改正の背景　205
    （2）改正の内容　205
    （3）経過措置（適用時期）　205

  3. 代表者住所の閲覧制限 ································206
    （1）改正の背景　206
    （2）附帯決議の内容　207
    （3）改正の時期等　208

第5節　成年被後見人等に係る取締役等の欠格条項 ··········209

  1. 改正の趣旨・背景 ···································209
  2. 改正の内容 ··209
    （1）成年被後見人等の取締役等への就任の承諾　209
      ①成年被後見人が取締役等に就任するための承諾方法　②被保佐人が取締役等に就任するための承諾方法
    （2）成年被後見人等がした取締役等の資格に基づく行為の効力　210

  3. 成年被後見人等が取締役等となることで生じるその他の論点等 ···211
    （1）成年被後見人の職務執行の方法　211
    （2）成年被後見人等の会社法上の責任　212
    （3）成年後見人等の会社法上の責任　212
    （4）終任　213

  4. 経過措置（適用時期） ·······························213

第6節　親会社との間の重要な財務及び事業の方針に関する契約の開示等 ·································215

  1. 改正の内容 ··215
  2. 経過措置（適用時期） ·······························216

  事項索引　217

凡　例

（1）　文献ほか

会社法制（企業統治等関係）部会	
	法制審議会会社法制（企業統治等関係）部会
部会第○回議事録	法制審議会会社法制（企業統治等関係）部会第○回の議事録
部会第○回会議資料	法制審議会会社法制（企業統治等関係）部会第○回の配付資料
要　綱	会社法制（企業統治等関係）の見直しに関する要綱
中間試案	会社法制（企業統治等関係）の見直しに関する中間試案
中間試案補足説明	会社法制（企業統治等関係）の見直しに関する中間試案の補足説明
竹林・一問一答	竹林俊憲編著『一問一答 令和元年改正会社法』（商事法務，2020）
令和2年省令パブコメ結果	
	法務省「会社法の改正に伴う法務省関係政令及び会社法施行規則等の改正に関する意見募集の結果について」（2020年11月24日付）

（2）　法令

旧法	会社法の一部を改正する法律（令和元年法律第70号）による改正前の会社法
改正法	会社法の一部を改正する法律（令和元年法律第70号）による改正後の会社法

改正前後を通じて変更がない条文については，単に「会社法」とした。また，本文中で条文に言及する場合には，それぞれ改正前の条文は「改正前会社法●条●項」，改正後の条文は「改正会社法●条●項」，改正前後に変更がない場合は「会社法●条●項」とした。

会社法改正法	会社法の一部を改正する法律（令和元年法律第70号）

閣議決定時の法案を指す場合は，「会社法改正法案」とした。

改正法附則	会社法の一部を改正する法律（令和元年法律第 70 号）の附則
整備法	会社法の一部を改正する法律の施行に伴う関係法律の整備等に関する法律（令和元年法律第 71 号）
旧会社則	令和 2 年法務省令第 52 号による改正前の会社法施行規則
旧計算則	令和 2 年法務省令第 52 号による改正前の会社計算規則
改正会社則	令和 2 年法務省令第 52 号による改正後の会社法施行規則
改正計算則	令和 2 年法務省令第 52 号による改正後の会社計算規則
改正省令附則	令和 2 年法務省令第 52 号の附則

改正前後を通じて変更がない条文については，単に「会社則」「計算則」とした。

旧社振法	整備法による改正前の社債，株式等の振替に関する法律
改正社振法	整備法による改正後の社振法
金商法	金融商品取引法
東証上場規程	東京証券取引所有価証券上場規程
東証上場規程施行規則	東京証券取引所有価証券上場規程施行規則
東証上場管理等に関するガイドライン	
	東京証券取引所上場管理等に関するガイドライン

(3) 判例集等の略語

民集	最高裁判所民事判例集
判時	判例時報
判タ	判例タイムズ
金法	金融法務事情
金判	金融・商事判例

第 1 部

改正の経緯とコーポレート・
ガバナンス改革における
会社法の役割

1. 平成 26 年会社法改正附則 25 条

　「会社法」と名付けられた法典は，2005（平成 17）年に旧商法から独立して制定され，翌 2006（平成 18）年に施行された。その会社法に最初の改正が施されたのは 2014（平成 26）年であったが，その際，附則第 25 条に次のような検討条項が設けられた。

> **平成 26 年改正会社法　附則 25 条**
> 　政府は，この法律の施行後 2 年を経過した場合において，社外取締役の選任状況その他の社会経済情勢の変化等を勘案し，企業統治に係る制度の在り方について検討を加え，必要があると認めるときは，その結果に基づいて，社外取締役を置くことの義務付け等所要の措置を講ずるものとする。

　この附則の特徴は，見直しの時期が 2 年後とされており，通例に比べ短い期間であったことと，次の改正項目として「社外取締役を置くことの義務付け」という極めて具体的な案が例示された点にある。これは，平成 26 年会社法改正が，監査役設置会社における社外取締役の設置の義務づけを見送り，会社法上の公開会社・大会社で有価証券報告書提出会社が社外取締役を置いていない場合には社外取締役を置くことが相当でない理由を説明すれば足りることにしたのに対し（令和元年改正前 327 条の 2），自民党の部会における法案審査の段階で自民党議員の中から，それでは不十分だという声が上がったことを背景としている。

2. ソフトローによるコーポレート・ガバナンス改革

　その後，わが国におけるコーポレート・ガバナンス改革は，会社法の改正を待たずに，ソフトロー（自主規制機関等によって制定されるルール）の策定を通じて急速に前進した。その代表格は，日本取引所グループが有価証券上場規程に組み込んだ「コーポレートガバナンス・コード」（2015（平成 27）年 6 月 1 日より運用開始。2018（平成 30）年 6 月 1 日改訂。以下「CG コード」という）と，2013（平成 25）年 6 月 14 日に閣議決定された「日本再興戦略」を受けて金融庁の有識者検討会が策定・公表し機関投資家が受け入れた「スチュワードシップ・コード」（2014（平成 26）年 2 月 26 日とりまとめ。2017（平成 29）年 5 月 29 日改訂。2020（令

和2）年3月24日再改訂。以下「SSコード」という）の2つである。

　会社法の場合は，違反すると業務執行の効力が否定されたり，損害賠償責任を負わされたりといった制裁を受けるのに対し，CGコードの場合は，合理的説明があれば遵守する必要はない。すなわち，示された基準を遵守するか，さもなければ説明するかが求められるのであって，この仕組みは一般に「コンプライ・オア・エクスプレイン」と呼ばれる。そのため，会社法では，遵守すべき最低限の基準が示されるのに対し，CGコードの場合にはベスト・プラクティスを提示することが可能となる。

　このようにソフトローは柔軟であり，その強制力は比較的緩やかであるが，実際には，CGコードやSSコードの実務への影響は大きい。例えば，社外取締役の選任状況を見てみると，会社法上は監査等委員会設置会社及び指名委員会等設置会社では2名以上（会社法331条6項，400条3項），監査役設置会社では今回の令和元年改正までは不要とされてきた（令和元年改正前327条の2参照）にもかかわらず，CGコードで複数選任が求められ（原則4—8），SSコードに基づく機関投資家の議決権行使基準の中に取締役の3分の1以上を求めるところが現れてきたこと等を受けて，社外取締役の選任は急速に加速している。東京証券取引所の調査によれば，2020（令和2）年9月7日時点で「独立」社外取締役（会社法の社外取締役よりも独立性の要件が厳しい）を2名以上選任している会社は，一部上場企業の95.3％，JPX日経400の98.5％に上っている。また，「独立」社外取締役が取締役の3分の1以上を占めている会社も増えており，一部上場企業で58.7％，JPX日経400では74.2％に達している。

3. 経済産業省と日本証券業協会の提言

　一方，法務省以外の省庁や組織による議論も活発化した。経済産業省が平成26年会社法改正と並走する形で2012（平成24）年3月7日に設置した「コーポレート・ガバナンス・システムの在り方に関する研究会」は，平成26年会社法改正の作業が終了した後も審議を続け，2015（平成27）年7月24日に『コーポレート・ガバナンスの実践～企業価値向上に向けたインセンティブと改革～』と

題する報告書を取りまとめた。中でも，その別紙3として公表された「法的論点に関する解釈指針」は，社外取締役の役割・機能，役員報酬，会社補償，会社役員賠償責任保険（D&O保険），株式報酬などについて，どこまで解釈論で柔軟な運用が可能かを整理したことで注目を集めた。特に，会社役員賠償責任保険（D&O保険）の保険料のうち，株主代表訴訟担保特約（代表訴訟に敗訴した場合における損害賠償金と争訟費用を担保する特約）部分の保険料を会社が負担することについて，一定の手続の下でそれを可能とする解釈を示したことは実務を大きく動かした。しかし，こうした作業は逆に，解釈の限界すなわち立法論を浮き彫りにした面もあり，それが今回の令和元年改正につながったと評することもできる[1]。

　他方で経済産業省は，2015（平成27）年11月9日に「株主総会プロセスの電子化促進等に関する研究会」を立ち上げ，2016（平成28）年4月21日に『株主総会プロセスの電子化促進等に関する研究会報告書〜対話先進国の実現に向けて〜』と題する報告書を取りまとめた。そこでは，今回の令和元年会社法改正の主要テーマである株主総会の電子化について，①株主総会の招集通知等の電子提供，②議決権行使プロセスの電子化，③株主総会関連日程の適切な設定，④対話支援産業の役割等に関する提言がなされた[2]。

　さらに日本証券業協会は，「社債市場の活性化に関する懇談会」の下に設けた「社債市場の活性化に向けたインフラ整備に関するワーキング・グループ」にお

---

1) その後，経済産業省は，2016（平成28）年7月1日に「コーポレート・ガバナンス・システム研究会」を設置し，CGコードとの整合性を図りつつ，コーポレート・ガバナンスの実質化に向けた企業行動の在り方を取りまとめることで，日本企業の「稼ぐ力」の向上を目指す検討を開始した。同研究会は，2017（平成29）年3月10日に，第1期の報告書「CGS研究会報告書—実効的なガバナンス体制の構築・運用の手引」（CGSレポート）を公表した後，2017（平成29）年12月8日に審議を再開し，2019（令和元）年6月28日に第2期の報告書「CGS研究会（第2期）報告書」を取りまとめ，2020（令和2）年7月31日には「社外取締役の在り方に関する実務指針（社外取締役ガイドライン）」を公表している。
2) その後，経済産業省は，2019（令和元）年8月26日に「新時代の株主総会プロセスの在り方研究会」を発足させ，2020（令和2）年7月22日に報告書を公表した。同報告書には，参考資料としてハイブリッド型バーチャル株主総会（参加型と出席型とに分かれる）の実施ガイドが添付されている。

いて社債管理の在り方について検討を加え，2015（平成27）年3月17日に『社債権者保護のあり方について～新たな情報伝達インフラ制度及び社債管理人制度の整備に向けて～』と題する報告書を取りまとめた。同報告書で提言された「社債管理人制度」の構想は，今回の令和元年会社法改正に基本的に受け継がれた。

4. 改正の経緯

2016（平成28）年1月13日，法務省は，法制審議会の立ち上げを視野に入れて「会社法研究会」（座長・神田秀樹学習院大学教授）を設置し，2017（平成29）年3月2日まで計14回の会議を経て，同日『会社法研究会報告書』を取りまとめた。

同研究会が終盤を迎えた2017（平成29）年2月9日には，法制審議会第178回会議において，法務大臣から法制審議会に対し，次のような諮問（諮問第104号）がなされた。

> 近年における社会経済情勢の変化等に鑑み，株主総会に関する手続の合理化や，役員に適切なインセンティブを付与するための規律の整備，社債の管理の在り方の見直し，社外取締役を置くことの義務付けなど，企業統治等に関する規律の見直しの要否を検討の上，当該規律の見直しを要する場合にはその要綱を示されたい。

これを受けて，2017（平成29）年4月26日に法制審議会の下に会社法制（企業統治等関係）部会が設置され，審議が始まった。その第10回会議が行われた2018（平成30）年2月14日，同部会は『会社法制（企業統治等関係）の見直しに関する中間試案』を取りまとめ，同月28日から同年4月13日までの間，パブリックコメントの手続が実施された。その後，寄せられた意見等を踏まえながら同部会での審議が続けられ，2019（平成31）年1月16日，『会社法制（企業統治等関係）の見直しに関する要綱案』が附帯決議とともに取りまとめられた。この要綱案及び附帯決議は，同年2月14日に実施された法制審議会第183回会議において修正されることなく承認され，同日，法務大臣に対し答申された。

なお，この法制審議会の取りまとめに際してなされた附帯決議の内容は，次の

とおりである。

> 　1　株主総会資料の電子提供制度に関する規律については，これまでの議論及び株主総会の招集の手続に係る現状等に照らし，現時点における対応として，本要綱案に定めるもののほか，金融商品取引所の規則において，上場会社は，株主による議案の十分な検討期間を確保するために電子提供措置を株主総会の日の３週間前よりも早期に開始するよう努める旨の規律を設ける必要がある。
> 　2　株式会社の代表者の住所が記載された登記事項証明書に関する規律については，これまでの議論及び当該登記事項証明書の利用に係る現状等に照らし，法務省令において，以下のような規律を設ける必要がある。
> ⑴　株式会社の代表者から，自己が配偶者からの暴力の防止及び被害者の保護等に関する法律第１条第２項に規定する被害者その他の特定の法律に規定する被害者等であり，更なる被害を受けるおそれがあることを理由として，その住所を登記事項証明書に表示しない措置を講ずることを求める旨の申出があった場合において，当該申出を相当と認めるときは，登記官は，当該代表者の住所を登記事項証明書に表示しない措置を講ずることができるものとする。
> ⑵　電気通信回線による登記情報の提供に関する法律に基づく登記情報の提供においては，株式会社の代表者の住所に関する情報を提供しないものとする。
> 　3　1及び2の規律の円滑かつ迅速な実現のため，関係各界において，真摯な協力がされることを要望する。

　この答申を受けて法務省は，直ちに法案を完成させ2019（平成31）年の第198回国会（常会）への法案提出を目指したが，他の法案との審議スケジュールの関係で見送りとなったことから，2019（令和元）年の第200回国会（臨時会）に提出する方向で準備を進めた。結果として政府は，2019（令和元）年10月18日に「会社法の一部を改正する法律案」（閣法第10号）及び「会社法の一部を改正する法律の施行に伴う関係法律の整備等に関する法律案」（閣法第11号）を閣議決定し，同日，両法案を第200回国会（臨時会）に提出した。

　2019（令和元）年11月12日，衆議院本会議において趣旨説明及び質疑がされた後，両法案は，衆議院法務委員会に付託された。同委員会では，同月19日に質疑が，翌20日に参考人からの意見聴取及び質疑が行われたが，株主提案権の濫用的な行使を制限する措置のうち不当な目的等による議案の提案を制限する改

正条文について異論が出たため，自由民主党・無所属の会，立憲民主・国民・社保・無所属フォーラム，公明党及び日本維新の会より，当該条文を削除する修正案が共同提案された。審議の結果，修正案が全員一致で可決され，修正部分を除く原案が賛成多数で可決された。これを受けて，修正された両法案は，同月26日，衆議院本会議で賛成多数により可決され，参議院に送られた。

参議院では，2019（令和元）年11月27日に，参議院本会議にて趣旨説明及び質疑が行われた後，参議院法務委員会に付託された。同委員会では，同月27日に参考人からの意見徴収及び質疑が行われ，12月3日に，質疑後の採決により賛成多数で可決された。その後，両法案は，同月4日に参議院本会議にて可決成立し，同月11日に公布された。これにより，2005（平成17）年に制定され翌2006（平成18）年に施行された「会社法」は，2度目の本格的な改正を施されることになった。

その後，法務省は，会社法の改正に伴う法務省関係政令及び会社法施行規則等の改正に着手し，2020（令和2）年9月1日に原案を公表してパブリックコメントの手続に入った。同月30日までの期間中に33件の意見照会があったことから，法務省は，その結果を取りまとめて公表するとともに，一部を採用して原案を修正し，2020（令和2）年11月27日，「会社法施行規則等の一部を改正する省令」（法務省令第52号）を公布した。

なお，2020（令和2）年11月20日には，「会社法の一部を改正する法律の施行期日を定める政令」が公布され，令和元年改正会社法は，2021（令和3）年3月1日に施行されることになった。

5. コーポレート・ガバナンスの基本的視座と基本としての会社法

⑴ コーポレート・ガバナンス

コーポレート・ガバナンスとは，経営者（業務執行者）に対する規律付けの仕組みであるが，その目的は，経営者に優れた経営計画を策定させ緊張感を持ってそれを遂行させることで企業価値の向上を図ることと，高度なリスク管理態勢の

構築を通じて不祥事等による企業価値の毀損を防止することにある。

　戦後，わが国の会社法（平成17年までは商法第2編）によるコーポレート・ガバナンス改革は，委員会等設置会社（現行の指名委員会等設置会社）を導入した平成14年改正ごろまでは，専ら不祥事の防止に力点が置かれ，主として監査役や会計監査人の独立性の確保と権限強化が推し進められた。しかし，昨今は諸外国に比べて日本企業のROE（自己資本利益率：Return on Equity）が極端に見劣りしていたことを背景に，企業価値の向上にも重点が置かれるようになった。

　何をもって企業価値の向上と考えるかについては，株主価値の最大化を重視するモデルとステークホルダー（利害関係者）全体の利益を重視するモデルの間に対立がある。

　株主価値最大化モデルは，株主は他のステークホルダーに利益を還元した後，最後に分配を受ける地位にあることから，株主の利益を最大化すれば自ずと他のステークホルダーの利益も向上するという考えを前提にしている。しかし，実際には，例えば従業員の賃金と株主への配当がトレードオフの関係にあることは明らかなので，下手をすれば株主「優先」主義に陥る。確かに「物言う」株主は経営の緊張感を高めるが，短期的利益を求めるあまり，経営資源の売却等が促され，かえって長期的な企業価値の向上を妨げる危険性もある。

　一方，ステークホルダー型の場合は，理念自体に異論は少なく，長期的ビジョンを描きやすいといった利点があるが，経営者がステークホルダーからの要望を，他のステークホルダーへの配慮を抗弁に退けることが容易なため，経営に対する緊張感が欠如する弊害がある。

　世界では，収益事業と慈善事業とを対立的に捉えるのではなく，社会課題の解決が経済的価値の創造を生む（例えば，飲酒運転撲滅キャンペーンがノンアルコール飲料市場を生む）といった「共通価値の創造（CSV：Creating Shared Value）」の考え方が急速に支持を拡大している。2015年9月の国連サミットで採択された「持続可能な開発のための2030アジェンダ」に記されたSDGs（持続可能な開発目標：Sustainable Development Goals）も同じ発想に基づく。他方で，機関投資家の側も，国連の「責任投資原則」（PRI：Principles for Responsible Investment）を踏

まえ，環境（Environment）・社会（Social）・ガバナンス（Governance）の3つを重視するESG投資を主軸に据えるようになった。2020年8月の段階で世界の3,300ほどの機関投資家（日本の85の機関投資家）がPRIに署名している。機関投資家側のESG投資と企業側のSDGsへの取り組みは車の両輪であり，世界の企業は，様々な社会問題を抱える多様なステークホルダーに目を向けるようになっている。

　こうした中でアメリカの経営者団体（ビジネス・ラウンドテーブル）が，2019年8月19日に，株主のみならず，顧客，従業員，サプライヤー，地域住民の利益を重視する声明を出したことが注目されている。しかし，アメリカでは，あくまでも株主価値最大化モデルに基づく厳しい規律付けが浸透した上で，更なる高みを目指して，次元の異なる価値基準として提唱されていることに留意しなければならない。

　そこで鍵になるのが，機関投資家とのエンゲージメント（建設的な対話）である。機関投資家は，他人から長期にわたって財産を預かり，それを運用するプレーヤーであるため，長期にわたる安定的な運用につき受託者としての責任を負う。SSコードはこうした機関投資家の受託者責任を，株主総会における議決権行使の場面で果たさせようと企図したものである。かかる機関投資家の受託者責任に基づく行動は，ステークホルダー型の欠点を補う。すなわち，経営者の側がステークホルダー全体の利益を向上させるための経営計画を策定し，それを機関投資家とのエンゲージメントを通じて練り上げ，さらに機関投資家の監視の下，緊張感をもって遂行するシステムが稼働することになるからである。

⑵　モニタリングシステム

　昨今のコーポレート・ガバナンス改革の要諦は，いかにしてモニタリングシステムを構築するかにある。

　会社法上，監査役設置会社の取締役会は業務執行の「決定」と「監督」を担うものとされているが（会社法362条2項1号2号），長らく日本企業では，意思決定機関としての役割を重視する形で運用されてきた。すなわち，各事業部門の担

当役員が一堂に会し，業務執行の最高責任者である社長が議長を務めながら，各事業部門の重要事項を最終決定してきたわけである。しかし，実際には月に1回程度の取締役会で喧々諤々と議論を戦わせるのは現実的ではなく，また取締役会の開催頻度が業務執行のスピードに追いつかないこともあり，経営会議等で決まったことを事実上「追認する（既に内定された決定事項に法的効果を付与する）」状態に陥っている。最近では，内定された決定事項を社外取締役に説明する場所にすぎないとの指摘もなされている。

　しかし，昨今のESG投資を重視する機関投資家からは，そうした運用では「監督」機関としての役割を十分に果たしておらずG（ガバナンス）に問題があるとの指摘がなされ，執行と監督の分離を求める声が強まっている。サッカーの試合になぞらえて言うならば，従来の運用では，監督も選手と一緒にコートの中でボールを蹴っている状態なので，選手に対し厳しい指示は出しにくく，また失策があっても監督自身が責任の一端を担うため厳しく責任を追及しにくいといった弊害が生ずるからである。強いサッカーチームを作るには，監督をコートの外に出し，チームの外から優秀な指揮官をスカウトしてくることが鍵となる。そこで最近は，業務執行の意思決定を最小限度にとどめることができる監査等委員会設置会社を選んだ上で（会社法399条の13第5項6項），業務の執行は「執行役員」とそれを兼務する取締役とに担わせ，取締役会は主として監督の場と位置付ける会社が増えてきている。また，取締役会の議長に社外取締役を据える会社や，社外取締役が過半数を占める任意の指名委員会及び報酬委員会をモニタリングの道具として活用するところも急増している。さらには，指名委員会等設置会社への移行を検討する会社も散見されるようになっている。

　こうした社外取締役を活用したモニタリングシステムが有効に機能するためには，会社の情報が社外取締役に的確に伝わることが大事である。そこで，モニタリングシステムを目指す会社では，社外取締役が内部統制システムを効果的に活用できる体制を整えるケースや，社外取締役に対する内部通報制度を構築するケースも増えてきている。

(3) 基本法としての会社法

　以上のように，昨今のコーポレート・ガバナンスの仕組みは，様々な価値判断を基礎としつつ会社ごとに多種多様な形で構築されている。このような状況の中で，会社法はどのような役割を果たすべきか。やや逆説的ではあるが，コーポレート・ガバナンスをめぐる議論や制度が高度化すればするほど，会社法それ自体は，むしろどのような考え方に依拠する会社であっても利用可能な共通のプラットフォームを提供する必要に迫られることになる。まさに会社法は，様々なソフトローをその上に乗せることができるような基本法としての性格を強めているわけで，今回の令和元年会社法改正を分析する場合にも，そうした会社法の役割をしっかりと理解して議論することが重要である。

第 **2** 部

改正のポイント

第1章

株主総会に関する規律の見直し

第1節　株主総会資料の電子提供制度

 改正のポイント

①従来書面で株主に送付することが原則であった株主総会資料について，定款の定めにより，原則と例外を逆転し，電子提供を原則とすることを認める制度が新設される。

②電子提供制度を利用する場合は，株主総会の日の3週間前の日までに株主総会資料を自社ホームページ等のウェブサイトにアップロードし，株主総会の日の2週間前の日までに当該ウェブサイトのアドレス等を記載した書面（アクセス通知）を株主に発送する。

③株主総会資料を書面で受領することを希望する株主は，株主総会の基準日までに，発行会社に対して予め請求をしておく必要がある。

④振替株式発行会社（上場会社）は，電子提供制度の利用が義務付けられる。

1. 電子提供制度新設の背景

　近年，コーポレートガバナンス・コードやスチュワードシップ・コードの策定・改訂にも見られるように，日本の上場会社は，その持続的な成長と中長期的な企業価値の向上に向けて，投資家との間で建設的な対話を行うよう要請されている。

　このような観点から従来の株主総会実務を見ると，会社法の下では，公開会社においては株主総会資料の発送期限が株主総会の日の2週間前までとされていることから（会社法299条1項，301条1項，302条1項等），株主総会資料の提供か

ら株主総会の日までの間隔が短く，投資家においてその内容を十分に吟味する時間が確保されていないとの指摘がされていた[1]。

　この点，発行会社がインターネットを利用して株主総会資料を提供できるようになれば，株主総会資料の印刷・郵送に要する時間や事務手続を省略できることから，投資家への早期の開示が可能となる。

　しかし，改正前会社法の下では，株主総会資料は原則として書面にて提供する必要があり，インターネットを利用してこれを提供するためには株主の個別の承諾を得なければならなかった（会社法299条2項・3項，301条1項・2項，302条1項・2項等）。そのため，この制度を採用する上場会社は，5％にも満たないのが現状であった[2]。また，定款の定めに基づき，株主総会資料の内容の一部をウェブサイトに掲載することにより提供できる，いわゆるウェブ開示によるみなし提供制度についても，株主総会参考書類における議案や，貸借対照表や損益計算書の内容等，株主の関心が類型的に高い事項については用いることができず，その利用可能範囲は限定的であった（旧会社則94条1項，133条3項，旧計算則133条4項，134条4項）[3]。

　そこで，改正法においては，アメリカやカナダにおける Notice & Access 制度を参考として，電子提供措置をとる旨の定款の定めのある株式会社においては，株主総会資料の書面による提供の原則を廃してインターネットで提供することを原則とする制度（以下「電子提供制度」という）が新設された（改正法325条の2以下）。これにより，株式会社は，電子提供制度を利用することにより，株主の個別の承諾を得ることなく，株主総会資料の電子提供を行うことが可能となった。

----

1)　以下も含め，株主総会資料の電子提供制度新設の背景については，竹林・一問一答11頁以下参照。
2)　商事法務研究会編「2019年版株主総会白書」商事法務2216号（2019）64頁，65頁。
3)　新型コロナウイルス感染症の影響を踏まえ，令和2年5月15日から6か月間の臨時措置として，ウェブ開示によるみなし提供制度の利用可能範囲が拡大されていた（会社法施行規則及び会社計算規則の一部を改正する省令（令和2年法務省令第37号））。令和3年3月及び6月に開催される株主総会についても同様の措置がされることが見込まれている（規制改革推進会議第3回成長戦略ワーキング・グループ資料1-5「論点に対する回答（法務省提出資料）」https://www8.cao.go.jp/kisei-kaikaku/kisei/meeting/wg/seicho/20201109/201109seicho07.pdf）。

株主から株主総会資料を書面で受領することが請求された場合には，書面での交付が必要となるが（改正法325条の5），電子提供措置をとる旨の定款の定めにより，いわば書面提供と電子提供の原則と例外が逆転することになる。

　改正法においては，電子提供制度を利用する株式会社が株主総会の日の3週間前の日又は招集通知を発した日のいずれか早い日から電子提供措置をとることが求められている（改正法325条の3第1項）。これに併せ，社振法の改正により振替株式発行会社（上場株式は振替株式であり，基本的に上場会社と考えてよい）には電子提供制度の利用が義務付けられたことによって（改正社振法159条の2第1項），振替株式発行会社の株式を保有する投資家がその議決権を行使するために必要な株主総会資料の検討期間を確保することが図られている[4]。

2．電子提供制度の概要

　電子提供制度における株主総会資料の提供方法の概要は，以下のとおりである。

① 株主総会の日の3週間前の日までに，発行会社が株主総会資料を自社ホームページ等のウェブサイトにアップロードする（電子提供措置）。

② 株主総会の日の2週間前の日までに，株主総会の日時及び場所並びに株主総会資料をアップロードしたウェブサイトのアドレス等を記載した書面を株主に対して通知する（狭義の招集通知。アクセス通知と呼ばれることもある）。

③ 株主総会資料を書面で受領することを希望する株主は，株主総会の基準日までに，発行会社に対して予め請求をしておく必要がある（書面交付請求）。

3．定款の定め

　株式会社は，株主総会参考書類，議決権行使書面，会社法437条の計算書類及び事業報告，並びに，同法444条6項の連結計算書類の内容である情報について，

4）　本節は，個別に引用するほか，全体において，竹林・一問一答10頁以下を参考にしている。

図表 1-1

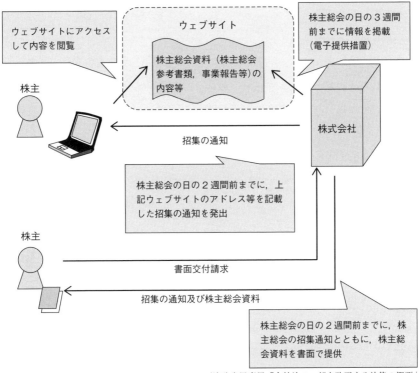

ウェブサイト

ウェブサイトにアクセスして内容を閲覧

株主総会資料（株主総会参考書類，事業報告等）の内容等

株主総会の日の3週間前までに情報を掲載（電子提供措置）

株主

招集の通知

株式会社

株主総会の日の2週間前までに，上記ウェブサイトのアドレス等を記載した招集の通知を発出

株主

書面交付請求

招集の通知及び株主総会資料

株主総会の日の2週間前までに，株主総会の招集通知とともに，株主総会資料を書面で提供

（法務省民事局「会社法の一部を改正する法律の概要」
http://www.moj.go.jp/content/001310775.pdf）

電子提供措置をとる旨の定款の定めを設けることにより，株主総会の招集通知に際して電子提供制度を利用することができ（改正法325条の2前段），かつ，当該定款の定めがある株式会社の取締役は，原則として電子提供措置をとることが義務付けられる（改正法325条の3第1項）[5]。これらは，定時株主総会及び臨時株主総会のいずれの招集の場合にも適用があり，また，種類株主総会の招集の場合も同様である（改正法325条の7による同法325条の3第1項の準用）。

　定款には，電子提供措置をとる旨を定めれば足り（改正法325条の2後段），電子データを提供するウェブサイトのアドレスを記載する必要はない。これは，当

----

5)　例外については下記 **4**(4)参照。

該ウェブサイトのアドレスを変更するたびに株主総会決議を経なければならないことの煩雑さを回避するためであり，当該アドレスは株主に対して招集通知にて通知されることになる。

　振替株式発行会社においては，定款に電子提供措置をとる旨を定めることが義務付けられる（改正社振法159条の2第1項）。振替株式発行会社については経過措置が定められており，株主総会決議を経なくても電子提供制度に係る改正の施行日（以下，本節において単に「電子提供制度に係る施行日」という）を効力発生日として電子提供措置をとる旨の定款の定めを設ける定款変更決議をしたものとみなされることとなっている（整備法10条2項）（以下「みなし定款変更」という）[6]。

　なお，電子提供措置をとる旨の定款の定めは登記事項である（改正法911条3項12号の2）。他方で，電子データを提供するウェブサイトのアドレスは，定款への記載が求められていないのと同様に，登記事項としても求められていない。

4. 電子提供措置

(1) 電子提供の定義

　電子提供措置とは，電磁的方法により株主（種類株主総会を招集する場合にあっては，ある種類の株主に限る）が情報の提供を受けることができる状態に置く措置であって，電子公告の場合（会社則223条）と同様，インターネットに接続された自動公衆送信装置（サーバ）を使用するものをいうと定められており（改正法325条の2，改正会社則95条の2），これは，発行会社が自社のホームページ等のウェブサイト上に株主総会参考書類をアップロードすることを想定したものである。

　会社法施行規則上，アップロードする情報は印刷できる状態にあることが必要である（会社則222条2項[7]）。したがって，例えば，事業報告の内容を説明する

6）　下記 **8**(2)参照。
7）　会社法施行規則222条2項は，電磁的方法について，「受信者がファイルへの記録を出力することにより書面を作成することができるものでなければならない」と定める。

動画のみをアップロードしたとしても，当該事業報告について電子提供措置を
とったものとは認められないことには留意が必要である。

　なお，電子提供措置は，当該株式会社の株主が情報の提供を受けることができ
る状態に置けば足りることから，アップロードする情報にパスワードを設定して，
株主のみが情報の提供を受けることができる状態に置くことも許される。もっと
も，上場会社は，会社法改正前より，株主総会の招集通知及びその添付書類の電
磁的記録を金融商品取引所に提出することが求められており（東証上場規程施行
規則 420 条 1 項），当該電磁的記録は金融商品取引所のホームページ上で公開され
ていたことから，改正後においても，実務的には，パスワードを付すことまでは
行われないことが予想される。

(2)　電子提供の期間

　電子提供措置は，株主総会の日の 3 週間前の日又は招集通知を発した日のいず
れか早い日（以下「電子提供措置開始日」という）から開始する必要があり，株主
総会の日後 3 か月を経過する日までの間行う必要があるとされている（改正法
325 条の 3 第 1 項）。電子提供措置の終了日は，電子提供措置がとられている事項
が株主総会決議取消しの訴えにおいて証拠として使用される可能性があることを
踏まえて，当該訴えの出訴期間の経過の日と一致している[8]。

　実務的には，既に上場会社の約 75％が株主総会の日の 3 週間以上前に招集通
知をウェブサイトに掲載しているが[9]，電子提供措置開始日については，機関投
資家からより早期の情報開示を求める要請があることを踏まえて，会社法制（企
業統治等関係）部会において，「金融商品取引所の規則において，上場会社は，
株主による議案の十分な検討期間を確保するために電子提供措置を株主総会の日
の 3 週間前よりも早期に開始するよう努める旨の規律を設ける必要がある」旨の
附帯決議がなされている[10]。したがって，上場会社においては，改正法の定め

---

8)　竹林・一問一答 23 頁。
9)　商事法務研究会編・前掲注 2）73 頁。
10)　法制審議会第 183 回会議配布資料民 2-2（http://www.moj.go.jp/content/001284360.pdf）。

よりも早期に情報開示するよう努力義務を負うことになることが想定される点に留意が必要である。

(3) 電子提供措置事項

　電子提供措置をとる場合に提供しなければならない情報（以下「電子提供措置事項」という）は下記①～⑦のとおりである（改正法325条の3第1項各号）。改正前会社法において発行会社が株主に対して書面で提供する必要があった事項は，いずれも電子提供措置事項として定められている。

①　1号：会社法298条1項各号に掲げる事項
　　ア　株主総会の日時及び場所
　　イ　株主総会の目的である事項があるときは，当該事項
　　ウ　株主総会に出席しない株主が書面によって議決権を行使することができることとするときは，その旨
　　エ　株主総会に出席しない株主が電磁的方法によって議決権を行使することができることとするときは，その旨
　　オ　ア～エに掲げるもののほか，法務省令で定める事項
②　2号：株主総会参考書類及び議決権行使書面（書面投票を採用する場合）
③　3号：株主総会参考書類（電子投票を採用する場合）
④　4号：株主提案の議案の要領（要件を満たす株主から請求があった場合）
⑤　5号：計算書類及び事業報告[11]（取締役会設置会社における定時株主総会の招集の場合）
⑥　6号：連結計算書類（会計監査人設置会社である取締役会設置会社における定時株主総会の招集の場合[12]）
⑦　7号：電子提供措置事項を修正した旨及び修正前の事項（電子提供措置事

---

11)　改正会社法325条の3第1項5号において，「会社法437条の計算書類及び事業報告に記載され，又は記録された事項」と規定されており，監査役・会計監査人の監査を受ける場合には，監査報告・会計監査報告を含む（会社法437条括弧書参照）。

項を修正した場合）

　従前より，株主総会参考書類，事業報告，計算書類及び連結計算書類に記載すべき事項について招集通知を発出した日から株主総会の前日までに修正をすべき事情が生じた場合でも，予め修正後の事項を株主に周知させる方法を招集通知と併せて通知しておけば，その方法により修正を行うことができることとされている（旧会社則65条3項，133条6項，旧計算則133条7項，134条7項）。したがって，実務上，当該規定に基づき，修正後の事項を株主に周知させる方法をウェブサイト掲載として通知した上で，実際に修正をすべき事情が生じた場合にはウェブサイト掲載の方法により対応している事例が多かった（いわゆるウェブ修正）。

　しかし，改正前会社法施行規則及び改正前会社計算規則の明文上，上記の方法により修正を行うことができるのは，株主総会参考書類，事業報告，計算書類及び連結計算書類に記載すべき事項に限られており，狭義の招集通知記載事項，議決権行使書面記載事項，監査報告及び会計監査報告は対象とされていない[13]。

　この点に関して，改正会社法325条の3第1項7号は，電子提供措置事項（すなわち，上記①〜⑥に掲げる事項）を修正した場合において，修正をした旨及び修正前の事項を電子提供措置事項として定めている。すなわち，同項7号の定めにより，従来はウェブサイト掲載の方法による修正の対象外とされていた事項についても，当該方法による修正が明文上可能となった。

12）ただし，改正会社法325条の3第1項6号は，電子提供措置事項として，「第444条第6項の連結計算書類」（すなわち，会社法444条5項に基づく取締役会の承認を受けた連結計算書類）と規定している。したがって，同条3項に基づく連結計算書類の作成義務を負わない会計監査人設置会社において連結計算書類を作成していない場合には，電子提供措置事項である「第444条第6項の連結計算書類」がそもそも存在しないのであるから，それについて電子提供措置をとる必要はない。

13）ただし，狭義の招集通知記載事項の誤記・印刷ミスについては，ウェブサイト掲載の方法による修正が許容されるとも解されていた（武井一浩＝郡谷大輔編著『会社法・金商法実務質疑応答』（商事法務，2010）93頁［郡谷大輔＝松本絢子］）。

ただし，従前のウェブサイト掲載等の方法により修正が可能であるのは，誤記の修正又は株主総会の招集の通知発出後に生じた事情変更に基づくやむを得ない修正等であって，内容の実質的な変更とならないものに限られると解されている。そして，この点については改正法の規定に基づく新たなウェブサイト掲載の方法においても同様であると解されている[14]。したがって，内容面に関する重大な記載の誤りや議案の追加・変更などがある場合には，新たなウェブサイト掲載の方法による修正も許容されないと解されることには留意が必要である。

⑷　電子提供措置の例外

　改正法は，電子提供措置をとることを要しない場合として，下記①及び②の2つの例外を定める。

　なお，下記①及び②の場合のほか，そもそも取締役が招集通知を書面又は電磁的方法により発出する必要がない場合（すなわち，株主総会を招集する際に当該株主総会に出席する株主が書面又は電磁的方法によって議決権行使をすることができる旨を定めず，かつ，当該株式会社が取締役会設置会社でない場合。会社法299条2項）にも，電子提供措置をとることを要しない。

①　議決権行使書面

　株主総会資料について電子提供措置をとる場合であっても，議決権行使書面については，書面で提供すれば電子提供措置の対象とする必要がない（改正法325条の3第2項）。

　これは，議決権行使書面の記載事項には，株主の氏名又は名称及び行使することができる議決権の数が含まれており，株主ごとにカスタマイズした内容とせざるを得ないことから，取締役がこれらの情報を各株主のためにウェブサイトに個別に掲載しなければならないとすると，会社の事務負担が過大となるおそれがあ

14）竹林・一問一答30頁。

ることに配慮したものである[15]。

　また，議決権行使書面に記載すべき事項に関して書面を交付せず電子提供措置をとった場合，株主総会に出席しない株主が議決権を行使するためには，発行会社のウェブサイト等に自らアクセスして議決権行使書面を印刷した上で，それを会社に対して郵送する方法をとる必要が生じる（電磁的方法による議決権行使が可能であれば，その方法により議決権を行使することも可能であるが，その場合も議決権行使ウェブサイトへのアクセスは必要となる）。そのような手間と比較して，会社から送付されてきたハガキ形式の議決権行使書面を返送するというのは，株主にとって手軽な面があると考えられる。そのため，特に個人株主の議決権行使促進という観点からも，議決権行使書面を送付するということには一定の効果があるものと考えられる。

　これらの点に照らせば，電子提供措置をとる旨の定款の定めがある株式会社においても，議決権行使書面については，従来どおり書面で交付することを選択する会社が多くなるのではないかと予想される。

② EDINET を用いた場合

　発行株式について金融商品取引法 24 条 1 項に基づき有価証券報告書を内閣総理大臣に提出する義務を負う株式会社が，その定時株主総会の招集に際して，電子提供措置事項（議決権行使書面に記載すべき事項を除く）の情報を記載した有価証券報告書（添付書類及びこれらの訂正報告書を含む）を電子提供措置開始日までに EDINET に登録すれば，当該事項について電子提供措置をとる必要がない（改正法 325 条の 3 第 3 項）。

　これは，株式会社が，会社法上の事業報告及び計算書類による開示と，金融商品取引法上の有価証券報告書による開示を実務上一体的に行い，かつ，株主総会の前に有価証券報告書を開示する取組みを促進する観点から定められたものである。なお，臨時株主総会や種類株主総会に係る電子提供措置事項は，有価証券報

15）竹林・一問一答 18 頁参照。

告書において開示が求められている情報とは関連性に乏しいことから，この例外は定時株主総会に係る電子提供措置を行う場合に限られている[16]。

　この場合，電子提供措置をとる必要はないから，下記(5)の電子提供の中断が問題となる余地もなく，発行会社にとって，法的安定性が高いといえる。もっとも，改正会社法325条の3第3項の適用を受けるためには，電子提供措置開始日までに，すなわち，遅くとも株主総会の日の3週間前までに，有価証券報告書をEDINETに登録しなければならない（改正法325条の3第3項・1項）。現在，多くの株式会社が，定時株主総会の直後に有価証券報告書を提出している実務状況を踏まえると[17]，改正後直ちに上記の例外規定を活用する株式会社は多くはないものと思われる。同項の活用は，より中長期的な実務動向次第ということになるであろう。

(5)　電子提供の中断

　電子提供措置は，その期間中「継続して」行う必要があるところ（改正法325条の3第1項），その間，一時的であってもアクセス障害が発生したりハッカーによる改変がなされたりして，本来の電子提供措置事項を株主が閲覧することができない状態が生じた場合には，電子提供措置の中断の発生により，当該措置に瑕疵があったことになる。この場合，過料の制裁が下される可能性があるのみならず（改正法976条19号），中断が株主総会の日より前に発生した場合には決議取消事由にもなり得る（会社法831条1項1号）。

　しかし，短期間の中断であっても電子提供措置に瑕疵があるとなると，法的安定性を害することになり，対応する発行会社においても負担が大きくなることから，改正法は中断に関する救済規定を設けている[18]。

---

16) 竹林・一問一答29頁。
17) 2019年3月期決算上場会社2388社を対象に実施されたアンケートによれば，定時株主総会開催前に有価証券報告書を提出した会社は17社（0.7%）にとどまっている（兵藤伸考ほか「2019年3月期『有報』分析」旬刊経理情報1556号（2019）33頁）。
18) 邉英基「令和元年改正会社法の実務対応（1）株主総会資料の電子提供制度への実務対応」商事法務2230号（2020）52頁。

すなわち，改正法は，電子提供措置に中断があったとしても，以下の要件の全てを満たす場合には，電子提供措置の効力に影響を及ぼさないものと定めている（改正法 325 条の 6）。

① 中断が生ずることについて発行会社が善意・無重過失又は発行会社に正当な事由があること
② 中断が生じた時間の合計が電子提供措置期間の 10 分の 1 を超えないこと
③ 電子提供措置開始日から株主総会の日までの期間中に電子提供措置の中断が生じたときは，当該期間中に電子提供措置の中断が生じた時間の合計が当該期間の 10 分の 1 を超えないこと
④ 発行会社が中断が生じたことを知った後速やかにその旨，中断が生じた時間及び中断の内容について当該電子提供措置に付して電子提供措置をとったこと

---

point 実務のポイント──電子提供措置の中断に備えた対策

　改正法においては，電子提供措置の中断に関して救済措置が定められているものの，電子提供措置をとる発行会社としては，中断が発生した場合に備えて自衛の措置を講じておくことが望ましい。

　そこで，まず，中断が生ずるリスクを軽減するため，複数のウェブサイトにおいて電子提供措置をとることが考えられる[19]。例えば，自社ホームページでの掲載に加え，自社が株式を上場する金融商品取引所のホームページにも電子提供措置事項を掲載しておくことは，上場会社が採るべき有効な選択肢の一つといえよう[20]。なお，複数のウェブサイトに電子提供措置事項を掲載する場合，どちらかのウェブサイトへのアクセスが確保されていれ

---

19) 竹林・一問一答 44 頁。
20) 会社法制（企業統治等関係）部会の審議においても，株式会社東京証券取引所のホームページを利用することの可能性が検討されていた（部会第 18 回会議事録 3 頁〜 4 頁［古本省三委員発言，竹林俊憲幹事発言］）。

ば中断が生じていないという評価がされるという効果が期待できる一方で，仮に当該複数のウェブサイトのうち一つに掲載した情報がハッカーにより改変された場合には，他のウェブサイトに掲載した情報は改変されていなかったとしても，当該一つのウェブサイトの改変された情報を信用して議決権を行使した株主が存在するとして，株主総会の招集手続に瑕疵があるとされる可能性も否定はできない。そのため，とりわけ自社において用意した複数のウェブサイトに電子提供措置事項を掲載する場合には，改変防止措置を採るべき対象が増えることにも留意が必要である。

　次に，中断の救済措置の適用を受けるためには，後に会社において，改正会社法325条の6各号の要件を充足することを立証できるように準備しておく必要がある。この点については，電子提供措置においては電子公告の場合とは異なり調査機関への委託は法令上義務付けられていないものの（会社法941条参照），救済措置の適用の立証を見据えて，電子公告の場合と同様に，（実務上調査機関が調査を受任してくれるようであれば）調査機関に調査を依頼することも考えられる。そのような調査措置を講じない場合であっても，発行会社自身において，電子提供期間中，電子提供措置に異常がないことについてウェブサイトのログを保存するなどの方法により定期的に記録を残しておくことを，検討することになろう。

　さらに，EDINET を使用して電子提供措置事項を開示した場合[21]には，発行会社は電子提供措置をとることを要しないことから，万一，EDINET のもとで公衆に情報を提供しているサーバがダウンしたり，ハッカーによる改変があったりしても，会社には法的リスクがないことになると考えられる[22]。したがって，EDINET の使用は，電子提供措置の中断のリスクを回避するための手段としても有益であるといえる。

　なお，電子提供措置の中断を理由として株主総会決議取消しの訴えが提起され，救済措置の要件が満たされない（又はその立証ができない）場合においても，最終的には，中断の事実が重大でなく，かつ，決議に影響を及ぼさないと認められる場合には，裁量棄却（会社法831条2項）により決議取

---

21) 上記(4)②参照。
22) 弥永真生「株主総会資料の電子提供」経理情報1570号（2020）1頁。

消しを免れる余地があると解される。

5. 狭義の招集通知（アクセス通知）

　電子提供措置をとる場合であっても，電磁的方法により狭義の招集通知を発することについて株主が個別に承諾する場合（会社法299条3項）を除き，狭義の招集通知は書面で行う必要がある。

　もっとも，電子提供措置をとった場合でも，狭義の招集通知に記載しなければならない事項が多くなると，招集通知の印刷や郵送に要する費用が大きくなるおそれがある。そこで，改正法においては，電子提供措置をとる場合に招集通知に記載・記録すべき事項を，株主がウェブサイトにアクセスすることを促すために重要である事項に限定している[23]。

　具体的には，電子提供制度をとった場合における狭義の招集通知（アクセス通知）の記載事項は，下記のとおりである（改正法325条の4第2項）。

① 　株主総会の日時及び場所
② 　株主総会の目的事項
③ 　書面投票を採用するときは，その旨
④ 　電子投票を採用するときは，その旨
⑤ 　電子提供措置をとっているときは，その旨
⑥ 　EDINETによる例外を利用しているときは，その旨
⑦ 　その他法務省令で定める事項（電子提供措置に係るウェブサイトのアドレス等[24]）

　また，電子提供措置をとる場合には，株主総会参考書類，議決権行使書面，会社法437条の計算書類及び事業報告，並びに，同法444条6項の連結計算書類は

23）竹林・一問一答26頁。
24）改正会社法施行規則95条の3第1項各号。

ウェブサイトを通じて株主に提供される以上，それを招集通知の送付に際して株主に対して交付又は提供することを要しない（改正法325条の4第3項）。

なお，電子提供措置をとる場合の招集通知の発送期限は，当該株式会社が公開会社であるかどうかにかかわらず，一律で株主総会の日の2週間前までとされている[25]（改正法325条の4第1項）。この法定期限よりも早期に招集通知を発送する場合には，それが株主総会の日の3週間前よりも前に行われるのであれば，発送日には電子提供措置も併せて開始する必要がある点に留意が必要である（同325条の3第1項）。

> **point 実務のポイント——株主総会当日の運営**
>
> 　電子提供措置をとる場合，招集通知の発送に際して株主総会参考書類，議決権行使書面，会社法437条の計算書類及び事業報告，並びに，同法444条6項の連結計算書類の同封を省略できるようになることから，株主総会当日の運営に少なからず影響が及ぶことになる。
>
> 　改正前の実務においても，ウェブ開示によるみなし提供制度を利用している会社においては，ウェブ開示を行った事項について，何らかの形で当該事項を記載した書面を株主総会の会場に用意している会社が多いことからすれば[26]，改正後においても，上記の電子提供措置事項を記載した書面，特に下記6の書面交付請求をした株主に送付している書面については，株主総会の会場に用意をする会社が多くなることが予想される。
>
> 　また，改正前会社法の下では，実務上，多くの株式会社において，株主総会当日入場時の本人確認のため，議決権行使書面の提示を求める運用が行わ

----

25) 電子提供措置をとらない非公開会社（全ての株式に譲渡制限が付されている会社）においては，招集通知の発送は株主総会の日の1週間前までに行えば足りる（会社法299条1項）。
26) 商事法務研究会編・前掲注2）71頁によれば，ウェブ開示を実施した会社1294社のうち，「WEB開示箇所の書類を受付の際に交付」した会社が129社（10.0%），「WEB開示箇所を含む完全版の招集通知を受付の際に交付」した会社が19社（1.5%），「WEB開示箇所の書類を総会場に備置」した会社が826社（63.8%），「WEB開示箇所を含む完全版の招集通知を総会場に備置」した会社が89社（6.9%）である。

れていた。したがって，招集通知の発送の際に議決権行使書面を同封する場合には，従前の実務と同様の運用が行われるものと思われるが，議決権行使書面の同封を省略した場合には，招集通知に同封する送付状等を株主総会当日に持参するよう求め，当該資料を本人確認資料として用いることが考えられる。

point 実務のポイント──追加の情報提供の可否

　狭義の招集通知を送付する際に，会社が任意にその他の情報を追記したり，書類を同封したりすることは許容されるか。

　この点については，招集通知を送付する際に追加で提供される情報は，法律上要求される手続を全て履践した上で行われるものであるから，原則として広く許容されるべきであると解されている[27]。したがって，例えば，会社が株主の正確な理解を促したり，自らの見解を強調したりするために補足的な情報を盛り込むことなどは許容されると解されるし，さらには，株主提案権が行使されている状況下においても，狭義の招集通知の決議事項の記載等から株主提案の有無が明らかであれば，会社提案のみに係る情報の要約等を株主に対して書面で追加提供したとしても，株主は株主提案に係る情報をインターネットを通じて取得できるのであるから許容されると解し得る[28]。もっとも，追加の情報提供が全くの無制限で許されるというわけではなく，例えばその内容に株主を誤導するような虚偽の情報が含まれているなど，態様によっては著しく不公正であるとして決議取消事由（会社法831条1項1号）に該当し得る[29]。

　また，特定の株主に対する事前説明に際して必要な情報を書面により提供

27）部会第2回会議議事録45頁［藤田友敬委員発言］。
28）邉・前掲注18）50頁。ただし，プロキシーファイトの状況下において会社提案と株主提案が対立している場合に，会社提案のみを記載した資料を書面で提供することは，提供の態様が過度に恣意的であることから株主総会の決議取消事由となる可能性があるとの見解も存在する（岩崎友彦ほか編著『令和元年改正会社法ポイント解説Q&A』（日本経済新聞出版社，2020）66頁）。
29）中間試案補足説明第1部第1の7(5)ア。

することや，株主総会の当日に会場において株主総会資料を印刷した書面を交付することなどを認める必要は実務上存することから，改正法において株主総会に関する情報を特定の株主に対し書面により提供することを制限する規定は設けられていない。もっとも，株主平等原則や利益供与の禁止の趣旨から，発行会社が合理的な理由なく特定の株主に対してのみ株主総会に関する情報を書面により提供することが無制限に認められるものではないと解されていることには留意が必要である[30]。

6. 書面交付請求

(1) 趣旨・概要

電子提供制度は，株主総会資料をインターネットを通じて提供するものであるが，特に上場会社においては，高齢者を中心として，インターネットの利用が困難な株主も一定数存在するのが通常である。そこで，このようなデジタル・ディバイド問題への配慮から，改正法においては，電子提供措置をとる旨の定款の定めがある株式会社の株主が，当該株式会社に対して，電子提供措置事項を記載した書面の交付を請求（以下「書面交付請求」という）することができることとしている（改正法325条の5第1項）。

なお，インターネットの利用が困難な株主の権利の保護の観点から，書面交付請求を行う株主の権利は定款の定めによっても排除することができないと解されている[31]。

(2) 請求権者

書面交付請求をすることができる者は，電子提供措置をとる旨の定めがある株

---

30) 中間試案補足説明第1部第1の7(5)イ。
31) 中間試案においては「株主が書面交付請求をすることができない旨を定款で定めることができるものとするかどうかについては，なお検討する」との記載があったものの（第1部第1の4(2)①注2)，改正会社法においては，当該規定を設けることは見送られた（神田秀樹「『会社法制（企業統治等関係）の見直しに関する要綱案』の解説〔Ⅰ〕」商事法務2191号（2019）10頁）。

式会社の全ての株主である（改正法325条の5第1項）。ただし，株主総会の招集通知を電磁的方法により発することについて個別の承諾をした株主（会社法299条3項）は，デジタル・ディバイドの懸念がないことから，書面交付請求の請求権者から除外されている（改正法325条の5第1項）。

なお，条文上，単元未満株主は書面交付請求を行うことができる株主から除外されていない。もっとも，株主総会において議決権を行使することができない株主には招集通知を発する必要がない以上（会社法299条1項，298条2項括弧書），発行会社は，単元未満株主が書面交付請求を行った場合においても当該単元未満株主に対して電子提供措置事項を記載した書面を交付する必要はない[32]。

(3) 請求方法

株主は，発行会社に対して書面交付請求を行う（改正法325条の5第1項）。改正法の下においては，書面交付請求を行う方式について定めはないが，実務上は，発行会社や口座管理機関である証券会社等がそれぞれ定めるフォーマット等に基づいて当該請求が行われることになると想定される。

振替株式発行会社に対する書面交付請求の場合，書面交付請求は議決権と密接に関連する権利であるから，少数株主権等（社振法147条4項）には該当しないと解されており，発行会社に対する個別株主通知（社振法154条）は不要である[33]。しかし，社振法上，振替株式の株主は，振替口座簿に株主として記載・記録されたとしても，総株主通知がなされるまでの間は株主名簿に記載・記録はされない（社振法151条1項，152条1項）。したがって，振替株式の株主の中には，株主名簿に株主として記載・記録されておらず，会社に対して自らが株主であることを対抗できない者も含まれることとなる。

そこで，改正社振法においては，株主は，振替株式発行会社に対して，口座管理機関などの直近上位機関（証券会社等）を経由する方法によっても書面交付請

32）竹林・一問一答35頁。
33）竹林・一問一答33頁。

求を行うことができ，その場合，振替株式の株主は，自身が株主名簿に株主として記載・記録されていなくても，振替株式発行会社に対して書面交付請求権を対抗できるとされている（改正社振法 159 条の 2 第 2 項）。なお，株主は，直近上位機関（証券会社等）を経由する方法によって書面交付請求を行う場合においても，個別銘柄ごとに書面交付請求を行うことができる[34]。

⑷ 書面の交付

電子提供措置をとる旨の定款の定めがある株式会社の取締役は，株主総会の招集に際して，書面交付請求を行っている株主に対して，電子提供措置事項を記載した書面を交付する必要がある（改正法 325 条の 5 第 2 項）。

取締役は，株主総会において議決権を行使することができる者を定めるための基準日（会社法 124 条 1 項）を定めた場合には，当該基準日までに書面交付請求を行った株主に対してのみ電子提供措置事項を記載した書面を交付すれば足りる（改正法 325 条の 5 第 2 項）。もっとも，基準日後に書面交付請求をした株主に対して任意で書面交付を行うことも妨げられない。

なお，当該基準日を定めなかった場合には，招集通知の発送時点までに書面交付請求をした株主に電子提供措置事項を記載した書面を交付すれば足りるものと解される。電子提供措置事項を記載した書面は招集の通知に「際して」交付しなければならないと定められているところ（改正法 325 条の 5 第 2 項），基準日を設定しない場合における招集通知は発送時点の株主に発送すれば足りるからである[35]。

会社は，定款に定めることにより，電子提供措置事項のうち法務省令に定めるものの全部又は一部について，書面交付請求をした株主に交付する書面に記載することを省略することができる（改正法 325 条の 5 第 3 項，改正会社則 95 条の 4 第

---

34) 会社法制（企業統治等関係）部会においては，銘柄ごとに書面交付請求をすることを認める A 案とそれを認めない B 案の両案が検討されたが，改正会社法においては A 案が採用された（部会第 14 回会議資料 23・1 頁〜 2 頁，要綱第 1 部第 1 の 4 ①参照）。

35) 邉・前掲注 18）56 頁注 14。

1項各号)。ここで省略することが認められる事項の範囲は，改正前から存するいわゆるウェブ開示によるみなし提供制度（改正会社則94条1項等）の対象となる事項の範囲と基本的に同様である。なお，上記の定款の定めは，電子提供措置をとる旨の定款の定めとは異なり，みなし定款変更の経過措置が定められていないことから，上記の省略を行うことを予定する会社においては株主総会決議を経ることにより定款変更を行う必要がある点に留意が必要である（下記**8**(3)「実務のポイント」参照）。

> **point 実務のポイント──フルセットデリバリー**
>
> 　米国の Notice & Access 制度においては，書面交付請求をしていない株主に対して発行会社が任意に株主総会資料一式を書面で送付することを「フルセットデリバリー」と呼んでいる。
> 　改正法はこれについて特段の禁止規定を設けておらず，発行会社が任意に株主総会資料一式を書面で提供することは可能である。もっとも，株主平等原則の観点から恣意的な運用は避けるべきであり，一定の合理性を有する基準によりその提供の判断を行うことが必要である。例えば，株主総会資料一式を株主総会に来場した者に対して配布したり，投資家との対話ミーティングに際して議論を円滑に行うために交付したりすることは，いずれも合理的であると解される[36]。

(5) 書面交付終了の通知及び催告

　株主が一度書面交付請求を行った場合，当該請求は，当該株主が撤回をしない限り，その後の全ての株主総会及び種類株主総会について効力を有することとなる。しかし，このような規律の下では，書面交付請求を行った株主が書面を必要としなくなった場合であってもわざわざ撤回をしない可能性があり，書面交付請

---

36) 邉・前掲注18) 52頁。

図表 1-2

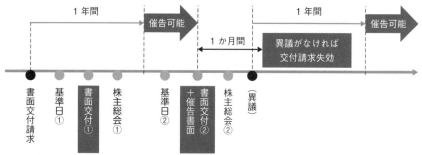

※ **図表 1-2** は，書面交付と終了異議催告を同時に行う場合を想定している。下記「実務のポイント」参照。

求を行った株主が累積していくことにより，電子提供制度の意義が減殺されるおそれがある。

　そこで，改正法においては，発行会社は，書面交付請求を行ってから1年を経過した株主に対して，書面の交付を終了する旨を通知するとともに，これに異議のある場合には催告期間内（1か月を下ることができない）に異議を述べることを催告することができ（以下，当該通知及び催告をまとめて「終了異議催告」という），当該株主が催告期間内に異議を述べなければ，当該株主の書面交付請求は催告期間が経過した時に効力を失うものとされている（改正法325条の5第4項・5項）。

　また，終了異議催告に対して株主が異議を述べた場合でも，発行会社は，当該異議が述べられた日から1年を経過した後に，当該株主に対して再度終了異議催告をすることができる（改正法325条の5第4項）。

　なお，上記催告期間が経過して書面交付請求が効力を失った株主が，再度，発行会社に対して書面交付請求を行うことは可能である。

> ### point　実務のポイント──終了異議催告の方法
>
> 　招集通知の発送を始めとする株主総会準備の実務上，発行会社による終了異議催告の方法が問題となる。
> 　まず，改正法上，発行会社は，終了異議催告を行うことを義務付けられて

いないから，必ずしもそれを毎年行う必要はなく，そもそも終了異議催告の書面を一切発送しないことや，2，3年ごとの間隔で発送することも許容される。

そして，終了異議催告を行う場合には，例えば，招集通知を発送する際に併せて行うことが事務作業上効率的であると考えられる。

この場合，まず，招集通知を発送する際に，終了異議催告の対象となる株主を選別し，当該株主に対してのみ，終了異議催告の対象株主であることを明示した上で，終了異議催告を行う別個の書面を同封することが考えられる。

もっとも，書面交付請求を行った株主の数が多い場合には，終了異議催告の書面を同封する株主を選別するための事務作業上の負担が大きくなるおそれがある。そこで，改正法上，終了異議催告を形式的に別個独立の書面で個別に送ることまでは要求されていないことを踏まえ，送付物に実質として催告が含まれていれば足りるとして，株主総会の招集通知の中に催告文言を記載する方法をとることも許容されるとする見解も存在する[37]。もっとも，当該見解においても，招集通知を受領した終了異議催告の対象株主において，終了異議催告が自身に対して向けられたものであることが分かるような工夫が必要であるとされており，例えば，終了異議催告の文言において，対象となる株主を，特定の日付に先立って書面交付請求を行った株主といった方法で特定することが提案されている。

いかなる方法で終了異議催告を行うべきかについては現時点では確定した見解はなく，この点については引き続き議論の蓄積を待つ必要があろう。

7．種類株主総会への準用

改正法において，電子提供制度に関する株主総会の規律は，そのほとんどが種類株主総会にも準用されている（改正法325条の7）。

種類株主総会に準用されていない条文は，次のとおりである。

まず，種類株主総会には定時株主総会に相当するものが存在しないことから，

---

[37]　神田秀樹ほか「座談会　令和元年改正会社法の考え方」商事法務2230号（2020）14頁［神田発言］。

定時株主総会に係る手続に適用される改正会社法 325 条の 3 第 1 項（5 号及び 6 号に係る部分に限る）及び同条 3 項の規定も，同法 325 条の 7 の準用の対象から除外されている。

　次に，改正会社法 325 条の 7 においては，電子提供措置をとる旨の定款の定めや書面交付請求に関する規定である同法 325 条の 2 や同法 325 条の 5 第 1 項及び 3 項〜5 項が準用の対象から除外されている。これは，改正法において，株主総会又は種類株主総会のどちらか一方についてのみ，電子提供措置をとる旨の定款の定めを設けることや書面交付請求をすることはできないと解されており[38]，そもそも当該定款の定めや書面交付請求について株主総会に係るものと種類株主総会に係るものが別個に観念されないことを踏まえたものである。電子提供措置をとる旨の定款の定めがある会社は，株主総会のみならず種類株主総会の招集に際しても電子提供措置をとる必要があり，また，株主による書面交付請求も，一度行えばその後の全ての株主総会のみならず種類株主総会との関係でも有効となる。

8. 施行時期・経過措置

(1) 施行時期

　電子提供制度に係る改正の施行時期は，その他の多くの改正点の施行時期よりも遅く，改正法の公布の日（令和元年 12 月 11 日）から 3 年 6 か月を超えない範囲内において政令で定める日とされている（改正法附則 1 条ただし書，整備法附則 3 号）。これは，振替機関，口座管理機関（証券会社等）及び株主名簿管理人（信託銀行等）においてシステム対応等が必要になり，準備期間を長く確保する必要があるからである[39]。

---

38) 竹林俊憲ほか「令和元年改正会社法の解説〔Ⅰ〕」商事法務 2222 号（2020）13 頁。
39) 竹林・一問一答 47 頁。具体的には，令和 4 年度中の施行が予定されている（「会社法改正に伴う法務省関係政令及び会社法施行規則等の改正に関する意見募集」https://public-comment.e-gov.go.jp/servlet/PcmFileDownload?seqNo=0000206077）。

⑵ みなし定款変更

　改正法においては，振替株式発行会社は，電子提供措置をとる旨を定款において定めることが義務付けられる。したがって，振替株式発行会社は，改正法の施行日を効力発生日とする定款の変更を予め行っておくことが必要となるが，これを一律に要求すると実務に混乱が生じるおそれがある[40]。

　そこで，整備法においては，電子提供制度に係る施行日において振替株式を発行している会社は，その日を定款変更の効力発生日として，電子提供措置をとる旨の定款の定めを設ける定款変更の決議をしたものとみなす旨の経過措置が設けられている（整備法10条2項）。

　また，上記の定款の定めは登記事項であることから登記申請が必要なところ，整備法10条2項によりみなし定款変更をした会社は，電子提供制度に係る施行日から6か月以内に当該定款変更に係る登記申請を行えば足りるとされている（整備法10条4項）。ただし，上記のみなし定款変更に係る登記を行う前に他の登記を行う場合には，そのタイミングで，みなし定款変更に係る登記も行わなければならない（整備法10条5項）。

⑶ 施行後6か月の猶予期間

　整備法10条2項に基づきみなし定款変更がされた会社については，当該定款変更の後，株主が書面交付請求を行うための期間を確保しておかないと，株主に不測の不利益を生じるおそれがある[41]。

　そこで，整備法においては，みなし定款変更がされた会社の取締役が電子提供制度に係る施行日から6か月以内を株主総会の日とする株主総会を招集する場合には，当該株主総会に係る招集手続は改正前会社法に従うこととしている（整備法10条3項）。

　この規定は，振替株式発行会社の株主に対して書面交付請求のために少なくと

40）竹林・一問一答47頁。
41）竹林・一問一答47頁。

図表 1-3

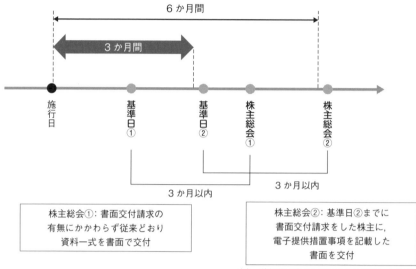

（邉・前掲注 18）54 頁図表 4 を調整したもの）

も 3 か月の期間を保障する趣旨で定められたものである。すなわち，上記規定の下では，みなし定款変更がされた会社の招集手続で電子提供措置がとられるのは，最も早くとも，電子提供制度に係る施行日から 6 か月を経過した直後の日に開催する株主総会（**図表 1-3** の株主総会②）の招集手続となる。そして，株主総会の議決権行使の基準日から当該株主総会の日までの期間は 3 か月を超えることはできないから（会社法 124 条 2 項），電子提供措置がとられる株主総会の議決権の行使の基準日は，最も早くとも，施行日から 6 か月を経過した直後の日から 3 か月前，すなわち，施行日から 3 か月を経過した日となり，株主は当該基準日（**図表 1-3** の基準日②）までに書面交付請求をすればよいこととなる。他方で，電子提供制度に係る施行日から 6 か月以内に開催される株主総会（**図表 1-3** の株主総会①）については，整備法 10 条 3 項の適用により改正前会社法に従って招集手続がとられることから，振替株式発行会社においても電子提供措置をとる必要はない一方で，書面交付請求の有無にかかわらず，議決権を有する全ての株主に対して株主総会資料が書面で交付されることとなる。

　なお，整備法 10 条 3 項は，みなし定款変更がされた会社について定めた規定

であり，施行日前に任意に株主総会の決議を行って電子提供措置をとる旨を定める定款変更の決議をした会社について適用されるかは明らかではない。しかし，会社が任意に定款変更の決議をしたとしても，株主に書面交付請求のための期間を保障する必要がある点には変わりはないのであるから，いずれの場合にあっても，整備法10条3項の適用はあり，上記のとおり，施行後6か月の猶予期間は確保されると解すべきである[42]。

---

point 実務のポイント―定款変更に係る株主総会決議の要否及びタイミング

上記のとおり，振替株式発行会社については，整備法においてみなし定款変更の規定が定められている。もっとも，以下の事情を考慮すると，実務上，施行日前又は遅くとも施行日後6か月が経過するまでの間に定款変更のための株主総会決議を行っておくことは合理的と考えられる。

まず，電子提供制度の導入に伴う定款変更の内容としては，以下の①～③が挙げられる。

① 電子提供措置をとる旨の定めの追加

② 改正会社法325条の5第3項に基づく記載事項の一部省略に関する定めの追加

③ 従来のウェブ開示によるみなし提供制度に関する定めの削除

上記のうち，振替株式発行会社において，法令上必須の定款の規定は上記①のみであり，これについては，整備法10条2項に基づき，株主総会決議を経なくとも，当然に定款変更がされたとみなされる。

上記②は，上記6(4)のとおり，従前から存するウェブ開示によるみなし提供制度の対象となっている事項は，改正法の下で，定款に定めることにより，書面交付請求をした株主に交付する電子提供措置事項を記載した書面への記載も省略できることを受けたものである（改正法325条の5第3項）。上記②に関しては，上記①と異なり，みなし定款変更の規定が整備法において設けられていない。また，上記②の一部省略に関する定めと上記③のウェ

---

42) 邉・前掲注18) 54頁。

ブ開示によるみなし提供制度に関する定めは，別個の会社法の条文に基づく規定であり，定款の定めの書きぶりも完全には一致しないことが想定されるため，改正法施行後に上記③の定めを上記②の定めとして流用することはできないと解されている[43]。

　そこで，振替株式発行会社において，改正法の下でも，従前から存するウェブ開示におけるみなし提供制度の対象となっている事項の記載を，書面交付請求をした株主に交付する書面から省略するためには，株主総会決議を経ることにより上記②の定款変更を行う必要がある。

　この上記②に関する株主総会決議を電子提供制度に係る施行日前に行う場合には，改正法の施行を停止条件として行うことが想定される。また，当該決議を電子提供制度に係る施行日後に行う場合には，施行日から6か月を経過するまでに行うことが望ましい。施行日から6か月を経過してしまうと，整備法10条3項に基づく猶予期間（上記(3)参照）が経過し，当該決議のための株主総会の招集に際して電子提供措置をとることが必要となり，その際に上記②の定款の定めがないと上記②の記載事項の一部省略が行えないこととなるからである。

　また，上記②を内容とする定款変更のための株主総会を開催する際には，上記①についても，整備法10条2項にみなし定款変更の定めがあるものの，株主に対する分かりやすさ等の観点から，併せて定款変更の決議をすることが考えられる。

　さらに，電子提供措置をとる旨の定款の定めのある会社においては，上記③の定めは不要となることから，併せて当該定めを削除する決議をすることが考えられる。ただし，整備法10条3項に基づく6か月の猶予期間を踏まえると，上記③の定めについては，附則を設けて施行日から9か月を経過する日まで従前どおり効力を有するものとしておくことが望ましい。その前に上記③の定款変更の効力を発生させてしまうと，6か月間の猶予期間中に開催される株主総会の招集においてウェブ開示によるみなし提供を行うことができなくなってしまうし，また，当該猶予期間の最後の日まで株主総会

---

43) 邉・前掲注18) 54頁。

が開催される可能性があることを踏まえると，施行日から9か月を経過する日までウェブ開示によるみなし提供を行えるようにしておいた方がよいからからである（ウェブ開示は，株主総会の日から3か月が経過する日までの間継続して行わなければならない。旧会社則94条1項等）。

第2節　株主提案権

 改正のポイント

①議案要領通知請求に関して，株主が同一の株主総会において提出することのできる議案の数の上限を 10 個に制限。

②上記①の提出議案数の制限との関係において，役員等の選任又は解任等に関する議案や定款の変更に関する議案の数え方を規定。

③法案段階では，提出議案数の制限に加え，株主提案の目的や内容に基づく新たな制限も盛り込まれていたが，国会審議において削除。

1. 改正の概要

(1) 提出議案数の制限の導入

　株主提案権制度は，昭和 56 年商法改正により導入された。当該改正は，経営者と株主総会の間のコミュニケーションを活発化し，より開かれた株主総会の実現を企図したものであった。改正後暫くは，小規模会社の経営権争いや原発反対などの社会運動の一環としての株主提案が目立ったが，次第に，規模の大小を問わず多数の会社で様々な株主提案がなされるようになった。

　他方で，株主総会における株主提案権の行使が一般化していく過程において，一人の株主より膨大な数の泡沫提案が提出されるなど，株主提案権が濫用的に行使される事例も散見されるようになった。

　▶ 株主提案権が濫用的に行使された事例

　　過去に株主提案権が濫用的に行使された事例として，(ⅰ)野村ホールディングス株式会社の 2012 年 6 月 27 日開催の第 108 回定時株主総会において，1 名の個人株主が 100 個の議案を提出したというものや，(ⅱ)HOYA 株式会

社の 2009 年 6 月 16 日開催の第 71 期定時株主総会～2011 年 6 月 21 日開催の第 73 期定時株主総会において，1 名の個人株主が一度に最大 114 個の議案を提出したというものがある。上記(ii)の事例に関しては，東京高判平 27・5・19 金判 1473 号 26 頁が，当該株主提案の一部について，個人的な目的のため，あるいは，株式会社を困惑させる目的のためになされた株主提案であり，株主としての正当な権利行使ではないと評価されても致し方ないとして，権利濫用に該当する旨判断している。

　改正前会社法には，一人の株主が同一の株主総会において提出することのできる議案の数を制限する規定はなく，このような濫用的な株主提案権の行使により，会社において対応方針の検討に時間・費用等を要したり，株主総会における審議時間を不当に費やすことになる等の弊害が指摘されていた。

　そこで，改正法においては，株主提案権が本来の目的に資するように行使されることを確保するため，株主提案権の濫用的な行使を制限するための措置として，取締役会設置会社の株主が議案要領通知請求をする場合において，当該株主が同一の株主総会において提出することができる議案の数の上限を 10 個とする規定が新設された（改正法 305 条 4 項）。

　なお，この提出議案数の制限はあくまで会社法 305 条の定める議案要領通知請求権の行使を制限するものであり，同法 303 条に定める議題提案権や同法 304 条に定める議場における議案提案権（いわゆる修正動議）は制限の対象となっていない（もっとも，これらの権利も後述する権利濫用法理による制約は受ける）。

(2)　株主提案の目的・内容に着目した制限規定の新設の見送り

　改正前会社法下においても，裁判例上，株主提案の目的や内容によっては，権利の濫用に該当することが認められていた。例えば，東京高決平 24・5・31 資料版商事法務 340 号 30 頁は，株主提案権の行使が「主として，当該株主の私怨を晴らし，あるいは特定の個人や会社を困惑させるなど，正当な株主提案権の行使とは認められないような目的に出たものである場合には，株主提案権の行使が権

利の濫用として許されない場合がある」と判示していたし，上記HOYA株式会社の株主提案に関する東京高判平27・5・19も同旨を述べ，一部の株主提案権の行使については権利濫用に該当することを認めていた。

　会社法改正法案では，これらの裁判例も踏まえつつ，(i)「株主が，専ら人の名誉を侵害し，人を侮辱し，若しくは困惑させ，又は自己若しくは第三者の不正な利益を図る目的」である場合，及び，(ii)「株主総会の適切な運営が著しく妨げられ，株主の共同の利益が害されるおそれがあると認められる場合」には，議案提案権の行使や議案要領通知請求はできないものとされていた（会社法改正法案304条2号及び3号，並びに305条6項2号及び3号）。

　ところが，衆議院法務委員会における法案審議において，権利の濫用に該当する株主提案権の類型についてはさらに精緻に分析を深めながら引き続き検討していくべきであるとして，会社法改正法案のうち，株主提案の目的や内容に基づく制限の新設に係る部分を削除する旨の修正が加えられた。

　もっとも，当該削除部分は，法制審議会会社法制（企業統治等関係）部会において，株主提案権の行使が権利の濫用に該当するであろう典型的な場合等として取りまとめられたものであり，実務上は，株主提案権の行使が権利の濫用に該当するか否かを判断するに際して引き続き参考となり得る[44]。ただし，上記(ii)の事由については，「会社や提案者である株主以外の株主にとっての時間の浪費等に着目する点で権利行使者の主観的な悪性を問題とする伝統的な意味での権利濫用とは異なる性質を有する」との指摘もあり[45]，仮にこれに該当する提案がなされた場合であっても，権利の濫用を根拠に株主提案権の行使を拒絶することができるかについては，慎重な検討が必要となる[46]。

....

44) 神田ほか・前掲注37) 18頁［神田発言］，竹林・一問一答49頁。
45) 後藤元「株主提案権に関する規律（とその趣旨）の見直し」商事法務2231号（2020）14頁。
46) なお，国会審議による修正を踏まえれば，事実上，上記(ii)の類型に当たるケースにおいて株主提案を拒絶することは困難となったと指摘する見解もある。太田洋「株主提案権に関する改正と今後の株主総会」商事法務2231号（2020）21頁。

2. 改正法における提出議案数の制限の規律

(1) 10個を超える数に相当する数の議案に係る議案要領通知請求の拒絶

改正会社法305条4項前段は，取締役会設置会社の株主が議案要領通知請求をする場合において，「当該株主が提出しようとする議案の数が十を超えるときは，前三項の規定は，十を超える数に相当することとなる数の議案については，適用しない。」と定める。

これは，10個を超える数に相当する数（15個の提案があれば5個）の議案について議案要領通知請求を拒絶することができること，すなわち，拒絶事由を定めたものである[47]。したがって，10個を超える数の議案に係る議案要領通知請求も，直ちに不適法となるものではなく，会社において任意に10個を超える数の議案を招集通知に記載すること自体は制約されないものと解されている[48]。

(2) 複数の株主により共同して行使する場合の考え方

議案要領通知請求権は，複数の株主により共同して行使することもできる[49]。しかし，改正法下の提出議案数の制限との関係では，株主が議案要領通知請求権を他の株主と共同して行使する場合であっても，提出することができる議案の数の合計は10個までであって，これを超える場合には制限の対象となると解されている（それぞれの株主が当該数の議案に係る請求を行ったものと扱われるためである）[50]。

---

[47] 竹林俊憲ほか「令和元年改正会社法の解説〔II〕」商事法務2223号（2020）6頁。「前三項の規定は，……適用しない。」という定め方を採用したのは，同様の文言を有する改正前会社法305条4項（改正法305条6項に相当）が，一定の場合に株式会社が議案要領通知請求を拒絶することができることを定めていると解されていることを踏まえたものであると説明されている。

[48] 竹林・一問一答63頁～64頁，65頁，神田ほか・前掲注37) 19頁［石井裕介発言・神田発言］。

[49] 会社法は，公開会社である取締役会設置会社における株主の議案要領通知請求について，総株主の議決権の100分の1（これを下回る割合を定款で定めた場合にあっては，その割合）以上の議決権又は300個（これを下回る数を定款で定めた場合にあっては，その個数）以上の議決権を6か月（これを下回る期間を定款で定めた場合にあっては，その期間）前から引き続き有する株主に限りその請求を認めるところ（会社法305条1項ただし書），かかる議決権要件は，複数の株主により満たすことで共同して請求することも可能と解されている。

例①	株主 A 及び B が共同して 10 個の議案を提出	株主 A（又は B）は，単独で又は株主 C と共同して別途議案を提出する場合，制限の対象となる
例②	株主 A 及び B が共同して 7 個の議案を提出	株主 A（又は B）は，単独で又は株主 C と共同して最大 3 個までであれば制限の対象となることなく別途議案を提出することができるが，4 個以上の議案を提出する場合は制限の対象となる
例③	株主 A 及び B が共同して 3 個の議案を提出し，株主 A 及び C が共同して 3 個の議案を提出	株主 A は，単独で又は株主 D と共同して最大 4 個までであれば制限の対象となることなく別途議案を提出することができるが，5 個以上の議案を提出する場合は制限の対象となる 株主 B（又は C）は，単独で又は株主 E と共同して最大 7 個までであれば制限の対象となることなく別途議案を提出することができるが，8 個以上の議案を提出する場合は制限の対象となる

具体例を示すと，**図表 1-4** のとおりとなる。

3．議案の数の取扱い（「10」個の数え方）

(1)　議案の数え方についての改正法の定め

改正法は，提出議案数の制限における議案の数え方について，次の定めを置く（改正法 305 条 4 項 1 号～ 4 号）。

(i)　取締役，会計参与，監査役又は会計監査人（以下「役員等」という。）の選任に関する議案
　　当該議案の数にかかわらず，これを一の議案とみなす。
(ii)　役員等の解任に関する議案
　　当該議案の数にかかわらず，これを一の議案とみなす。
(iii)　会計監査人を再任しないことに関する議案
　　当該議案の数にかかわらず，これを一の議案とみなす。
(iv)　定款の変更に関する二以上の議案
　　当該二以上の議案について異なる議決がされたとすれば当該議決の内容が相互に矛盾する可能性がある場合には，これらを一の議案とみなす。

改正法においては，上記各号に掲げられた議案以外の議案，例えば，剰余金の

50）竹林・一問一答 52 頁。

処分，役員報酬，資本金又は資本準備金の減少，組織再編等の議案も，提出議案数の制限の対象に含まれる。しかし，これらの議案については，議案の数の制限を形式的に適用することとしても不都合が生ずることがあまり想定されない。したがって，そのような不都合が特に生じやすいと考えられる類型の議案について，特別に定めを置くこととしたものである[51]。

　なお，上記のとおり，改正会社法305条4項各号が定める議案の数の取扱いは，あくまで議案要領通知請求における提出議案数の制限との関係においてのみ意味を有するものである[52]。したがって，株主総会における議案の上程形式や採決方法を拘束又は制約するものではない[53]。

⑵　役員等の選任又は解任等に関する議案（改正法305条4項1号～3号）

　改正会社法305条4項1号～3号は，⒤役員等の選任に関する議案，⒤役員等の解任に関する議案，及び⒤会計監査人を再任しないことに関する議案について，それぞれの区分ごとに，当該議案の数にかかわらず，これらを1個の議案とみなすと定める。

　一般に，役員等の選任又は解任等に関する議案は，1名の候補者（対象者）ごとに1個の議案を構成すると解されている。しかし，これらの議案について，改正法下の提出議案数の制限をそのまま適用すると，10個の個数制限を容易に超過してしまう。例えば，取締役の総数が10名超の会社の株主総会においては，そもそも一人の株主が人数分の候補者に係る取締役選任議案を提出できなくなる（また，他の議案も提出することができなくなる）おそれがある。そこで，このような不合理な制約が生じることのないよう，上記のような規定が設けられたものである[54]。

51）竹林ほか・前掲注47）7頁参照。
52）神田秀樹「『会社法制（企業統治等関係）の見直しに関する要綱案』の解説〔Ⅱ〕」商事法務2192号（2019）8頁。
53）齊藤真紀「株主提案権の規制」ジュリスト1542号（2020）30頁，飯田秀総「株主提案権に関する規律の見直し」法律のひろば73巻3号（2020）22頁。
54）竹林・一問一答54頁～55頁も参照。

なお，上記(ⅰ)～(ⅲ)の各議案について，議案要領通知請求をする株主自身が，形式上，複数の議案に分けて提出した場合であっても，提出議案数の制限との関係では，それぞれの区分ごとに1個の議案とみなすことになると解されている[55]。例えば，株主が株主提案書（兼議案要領通知請求書）上，「取締役○名選任の件」と「監査役○名選任の件」を区別し，2個の議案と整理して記載した場合であっても，役員等の選任に関する1個の議案とみなすこととなる。

① 役員等の選任又は解任に関する議案の数の取扱い

　役員等の選任又は解任に関する議案について，役員等の種類ごとに1個の議案として取り扱うことは予定されていない。役員等の種類にかかわらず（つまり，取締役であるか監査役であるかといった区別はせず），(ⅰ)選任議案は，全ての候補者を含めて1個の議案とし，(ⅱ)解任議案は，全ての対象者を含めて1個の議案として，それぞれ取り扱うものと解されている[56]。

　具体例を示すと，**図表1-5**のとおりとなる。

図表1-5　役員等の選任又は解任に関する議案の数の取扱いの具体例

	議案の内容	議案の数の取扱い
例①	取締役A，B及びCを選任する旨の議案	役員等の選任に関する1個の議案と扱う
例②	取締役A及びB，並びに監査役Cを選任する旨の議案	
例③	任期中の監査役Aを解任し，新たに監査役Bを選任する旨の議案	役員等の選任に関する1個の議案，及び役員等の解任に関する1個の議案の合計2個の議案と扱う
例④	任期中の取締役A及びB，監査役C，並びに会計監査人Dを解任し，新たに取締役E及びF，監査役G，並びに会計監査人Hを選任する旨の議案	

55）神田ほか・前掲注37）18頁［竹林俊憲発言］。
56）竹林・一問一答55頁。

② 会計監査人の不再任に関する議案の数の取扱い

　会計監査人の任期は，選任後１年以内に終了する事業年度のうち最終のものに関する定時株主総会の終結の時までであるが（会社法338条１項），当該定時株主総会において別段の決議がされなかったときは，再任されたものとみなされる（同条２項）。そのため，当該「別段の決議」として，会計監査人を再任しない旨の議案が観念される。改正会社法305条４項３号は，この不再任に係る議案を，選任議案（同項１号）・解任議案（同項２号）とは類型的に区別した上で，不再任の対象となる会計監査人の数にかかわらず１個の議案とみなす旨の規定を置く。

　もっとも，実務上，会社提案の場合には，現任の会計監査人を再任しない旨の議案が提出されるのは極めて稀であり，任期満了に伴い既存の会計監査人を新たな会計監査人に交代する旨の議案として提出されるのが通常である。「現任の会計監査人Ａの後任として会計監査人Ｂを選任する」旨を決議するなど，追加選任ではないことを明らかにして後任者を選任する決議を行えば，当該決議をもって上記「別段の決議」に当たるものと解されており[57]，現任者の不再任に関する議案を別途上程しない形で対応するのが一般的である。このような形で後任者の選任に係る議案を付議し，現任者の不再任議案を上程しない場合には，役員等の選任に関する議案として改正会社法305条４項１号の適用のみを受け，同項３号の適用はないものと思われる。

> ▶ 改正会社法305条４項３号が適用される場面
>
>   会社法は，会計監査人を複数選任することも否定しておらず，理論的には，任期満了時に既存の複数の会計監査人（個人の公認会計士）のうちの一部のみを再任しないこととする旨の議案が提出されることも考えられる。具体的には，例えば，会計監査人Ａ，Ｂ及びＣが選任されている会社において，会計監査人Ａ及びＢについて再任しないこととする（再任は会計監査人Ｃのみとする）旨の議案の提出が考えられ，このような場合，改正会社法

---

[57] 岩原紳作編『会社法コンメンタール７──機関(1)』（商事法務，2013）511頁［山田純子］。

305条4項3号に基づき，当該議案は1個の議案とみなされることになる。

　なお，会計監査人設置会社において，会計監査人が欠けた場合，遅滞なく会計監査人が選任されないときは，監査役会等が，一時会計監査人の職務を行うべきものを選任することになる（会社法346条4項及び6項～8項）。したがって，理論上は，単独の会計監査人しか選任されていない株式会社において，単に当該会計監査人を再任しないこととする旨の議案も，適法な議案として提出可能である（その場合，いずれにしても1個の議案として提出されるであろうが，改正会社法305条4項3号が適用される一場面であるとはいえる）。

(3) 定款の変更に関する議案（改正法305条4項4号）

　改正会社法305条4項4号は，定款の変更に関する議案について，当該2個以上の議案について異なる議決がされたとすれば当該議決の内容が相互に矛盾する可能性がある場合にはこれらを1個の議案とみなすと定める。

　定款変更に関する株主提案は，関連性のない多数の条項を追加する内容であっても，形式上は1個の定款変更議案として提出されることが多い。しかし，その形式に着目してかかる議案を1個の議案として取り扱うと，趣旨・目的の異なる多数の提案が定款変更という形式で提出される場合にも対応できず[58]，提出議案数の制限を導入する意義が半減することになる。

　他方で，提案内容に着目すれば2個以上の定款変更議案であるとみるべき場合も，各議案の内容に密接な関連性が客観的に認められる場合には，表裏一体のものとしてまとめて可決することを提案株主は想定しているものと思われる。

　そこで，提出議案数の制限との関係における定款変更議案の数え方については，原則として提案の形式ではなく内容に着目し，提案事項ごとに1個の議案と捉え

----

[58] 日本では，米国等の諸外国と異なり，業務執行に関する事項も，定款変更の形式をとることによって株主提案の対象とすることが可能であると説かれる傾向にあり（竹林・一問一答68頁），近時隆盛を見せるESG関連の提案が定款変更議案として提案されるケースなど，今後も問題となり得る。

ることを前提としつつ，そのように捉えると 2 個以上の議案となるときであっても，「異なる議決がされたとすれば当該議決の内容が相互に矛盾する可能性がある場合」には，1 個の議案とみなすこととされた[59]。

それでは，本号の定める「異なる議決がされたとすれば当該議決の内容が相互に矛盾する可能性がある場合」とは，いかなる場合を意味するのか。

この点，立案担当者は，一部の議案について可決され，他の議案について否決される場合の組合せのうち，いずれかの組合せにおいて議決の内容が相互に矛盾することとなる場合を意味するものと解説する[60]。例えば，株主が提出した定款変更議案の内容に着目したとき，A 及び B という 2 つの事項に係る定款変更議案に分けることができるとする。この場合，採決の結果，異なる議決がなされるケースとしては，(i)議案 A 可決・議案 B 否決，及び，(ii)議案 A 否決・議案 B 可決の 2 つの組合せがあるが，いずれかのケースにおいて相互に矛盾する可能性があれば（他方のケースでは矛盾しない場合であっても）本号に該当するものとされる。

具体例を示すと，**図表 1-6** のとおりである。

また，「異なる議決がされたとすれば当該議決の内容が相互に矛盾する可能性がある場合」に当たるか否かの判断において，提案の趣旨や理由を加味すべきかについても実務上は論点となり得る。この点は，法文上は必ずしも明らかではなく，解釈に委ねられているが[61]，定款条項の解釈を行う際には，その文言のみならず，当該条項が規定された経緯等も斟酌するのと同様に，提出議案数の制限との関係においても，提案の趣旨や理由を加味して，議案内容の矛盾可能性を判断することも許容されるものと解される。

---

59) 竹林・一問一答 55 頁，田中亘「令和元年改正会社法の解説」監査役 707 号（2020）6 頁参照。
60) 竹林・一問一答 61 頁，神田ほか・前掲注 37) 19 頁〔竹林発言〕。
61) 要綱案の取りまとめの過程において，提案の理由を加味すべきことを明記する文言が修正された過程を説明した上で，「提案の理由を考慮するか，考慮するとしてどのように考慮するか等は，解釈によることになる」と述べるものとして，神田・前掲注 52) 7 頁。なお，神田秀樹教授は，上記の説示に続けて，「これを考慮するとしても相当程度限定的なものとなるものと考えられる」とも述べている。

図表1-6　定款の変更に関する議案の数の取扱いの具体例

	議案の内容	議案の数の取扱い
例①	(i)商号変更，及び，(ii)本店所在地変更の各定款変更議案を提出する場合	それぞれ別個の定款記載事項を変更する議案であるため，2個の議案と扱う[62]
例②	(i)監査等委員会の設置とこれに伴う調整，(ii)監査役の廃止とこれに伴う調整，及び，(iii)監査役会の廃止とこれに伴う調整の各定款変更議案を提出する場合	(i)，(ii)及び(iii)の各議案は，いずれかが可決され，他の議案が否決される場合，議決の内容が相互に矛盾することとなるから，1個の議案と扱う[63]
例③	(i)指名委員会等委員会の設置と，(ii)取締役の任期の変更（2年から1年）の各定款変更議案を提出する場合	(ii)の議案が可決され，(i)の議案が否決された場合の議決の内容は相互に矛盾するものではないが，(i)の議案が可決され，(ii)の議案が否決された場合の議決の内容が相互に矛盾することとなるから，1個の議案と扱う[64]
例④	「定款条項中の全ての『我が社』を『当会社』に形式的に改める」という定款変更議案を提出する場合	対象となる条項が複数であっても，その一部のみが可決され，残りが否決された場合，定款に求められる形式的な統一性を欠くことになるという意味において，議決の内容が相互に矛盾するといえることから，1個の議案と扱う[65]

　この点に関連して，「取締役と監査役に新たに定年を設ける」という議案を例に，両者の職責は異なるため，いずれか一方のみに定年が設定されるという議決の内容が直ちに相互に矛盾するとはいえないものの，かかる議案が，各役員の職務に相応しい定年を一律に設けるという趣旨に基づくものであれば，1個の議案とみなしてよいとして，提案の理由次第で提案が持ち得る意味が異なる場合もあることが指摘されている[66]。

　また，定款に定める目的の変更として，(i)「A業を追加する」という議案と，(ii)「B業を追加する」という議案が提出された場合について，提案の理由を考慮するという解釈もあり得ることから，そのような解釈によっては1個の議案とし

62)　竹林ほか・前掲注47）8頁。
63)　竹林・一問一答61頁，齊藤・前掲注53）29頁。
64)　類似の議案の内容について同旨を述べるものとして，神田ほか・前掲注37）19頁［竹林発言］参照。
65)　齊藤・前掲注53）29頁。
66)　齊藤・前掲注53）30頁。

て取り扱うとの結論もあり得なくはないと思われる旨を指摘するものもある[67]。

4. 拒絶する議案の決定方法

　改正会社法305条5項は，議案要領通知請求を拒絶することができる「十を超える数に相当することとなる数の議案は，取締役がこれを定める」としつつ，当該請求をした株主が「議案相互間の優先順位を定めている場合」には，「当該優先順位に従」うものとする。

　株主が10個を超える数の議案を提案した場合，取締役は，10個を超える分について拒絶することができるところ，株主が優先順位を定めたときを除き，提案議案のうちどれを付議し，どれを拒絶するかの判断につき，取締役側に裁量を認めるものである。これは，株主提案権を行使する株主の意思の尊重と会社側の事務負担への配慮のバランスを図ったものである[68]。

　もっとも，取締役は，株主が優先順位を指定していないからといって，どの議案を付議又は拒絶するかを決定するに際し，無制限に恣意的な判断を行うことができるわけではない。株主ごとに合理的な理由なく異なる取扱いをする場合，株主平等原則（会社法109条1項）に違反すると判断される可能性もある[69]。

　この点，例えば，株式取扱規程において，改正会社法305条5項に基づく拒絶対象議案の選定に関するルールを予め定めておくことも可能である。具体的な選定方法として，株主の記載順に着目した方法（横書きの場合には上から，縦書きの場合には右から数えて決定する方法等）が考えられるとする見解もある[70]。今後の対応は各社の判断に委ねられるが，事前にルールを定めておけば，当該ルールに従った取扱いが合理性を欠くと判断される可能性は低くなるものと思われる。

----

67) 神田ほか・前掲注37）18頁［竹林発言］。なお，竹林俊憲参事官は，本文のような議案について，「私自身としては二つの議案と判断して構わないと思います」とも述べている。
68) 竹林ほか・前掲注47）9頁参照。
69) 竹林・一問一答64頁，神田ほか・前掲注37）19頁［竹林発言］。なお，立案担当者は，株主は，取締役の判断に不服がある場合には，議案の要領を株主総会の招集の通知に記載することなどを求める仮処分の申立てをすることが考えられるほか，取締役や会社に対して損害の賠償を請求することなども考えられると解説する（竹林・一問一答64頁）。
70) 竹林・一問一答63頁。

5. 経過措置

改正法附則 3 条は，施行日前にされた議案要領通知請求については，なお従前の例によると定める。施行日前にされた議案要領通知請求は，改正前の規律を前提としてされたものということができることから，当該請求をした株主に不測の不利益が生ずることのないよう，改正後の新たな規律を適用しないこととするものである[71]。

> ### point 実務のポイント
>
> 改正法により導入される提出議案数の制限を実務で適用する場合には，定款変更に係る議案の数の判断，特に「異なる議決がされたとすれば当該議決の内容が相互に矛盾する可能性がある場合」に該当するか否かの判断は決して容易ではない可能性もある。会社側で（取締役において）任意に 10 個を超える数の議案の提出を認めることは否定されておらず，実務上は，実質的にみて濫用的ではなく，かつ票読みに不安がなければ，任意に全て付議した上で否決する対応も考えられる。
>
> また，10 個を超える数の提案があった場合における拒絶議案の選定のルール等について，予め株式取扱規程等において定めておくか，検討する必要がある。もっとも，株主提案の内容や形式は多数のバリエーションがあり得ることから，事前にルールを定めることによって，かえって個別具体的な提案の内容や形式に応じた柔軟な対応を制約することにならぬよう，実際にルールを策定するにあたっては慎重に検討する必要がある。
>
> なお，会社法改正法案の株主提案の目的・内容に基づく制限は国会審議で削除されたものの，不当な目的等による株主提案がなされた場合には，引き続き裁判例の認める権利の濫用による制限の可能性を検討することになる。

---

71) 竹林・一問一答 72 頁。

第 2 章
取締役等に関する規律の見直し

第 1 節　取締役の報酬等

> ⓟⓞⓘⓝⓣ **改正のポイント**
>
> ①上場会社等に「報酬等の決定方針」の決定を義務付け。
>
> ②株式・新株予約権を報酬等として付与する場合に決議すべき事項を明確化。
>
> ③取締役に対して報酬等として付与する株式・新株予約権に関して，出資を要しない場合を許容（いわゆる無償交付の解禁）。
>
> ④役員報酬に関する事業報告での開示の拡充。

1．改正の趣旨

　近年，株式報酬制度の導入を促すコーポレートガバナンス・コード（原則 4—2，補充原則 4—2①）の影響もあり，取締役の報酬等を取締役に対して職務を適切に執行する動機（インセンティブ）を付与するための手段として捉え，インセンティブ報酬を導入する事例が増えている。

　改正前会社法では，指名委員会等設置会社以外の株式会社は，取締役の報酬等の額等を定款又は株主総会の決議によって定める必要がある（会社法 361 条 1 項）。これはいわゆる「お手盛り」を防止するための規定と解されており，株主総会の決議では，取締役全員の報酬等の総額の上限を定めておくことで足り，取締役の個人別の報酬等の内容を定める必要はないと解されている。

　しかし，これに対しては，投資家等から，報酬等のインセンティブ付与機能に照らして取締役の報酬等の内容を適切に定めるための仕組みを整備することが重要であるとの指摘がなされていた。また，法律実務家等からも，インセンティブ

報酬を付与するにあたって会社法上の取締役の報酬等に関する規律がどのように適用されるか必ずしも明確でなく，それが取締役の報酬等のインセンティブ付与機能の活用を阻害する要因になっているとの指摘もなされていた。

そこで，改正法は，取締役の報酬等が取締役に対するインセンティブ付与の手段として適切に機能するよう，取締役の報酬等に関する規律の見直しを行った。

2. 「報酬等の決定方針」

 改正のポイント

①上場会社等の取締役会に取締役の個人別の報酬等の内容についての決定に関する方針の決定を義務付け。

②報酬等の種類等を問わず，株主総会で「相当とする理由」の説明を義務化。「報酬等の決定方針」として想定している内容も説明することが求められる。

③「報酬等の決定方針」を事業報告において開示。

(1) 改正の経緯

改正前会社法では，指名委員会等設置会社以外の会社において，「個人別の報酬等の内容に係る決定に関する方針」（会社法 409 条 1 項参照）の決定は義務付けられておらず，事業報告における開示も省略が可能であった（旧会社則 121 条柱書）。また，指名委員会等設置会社以外の会社において，取締役の個人別の報酬の決定は，株主総会等で定められた報酬等の総額の最高限度の枠内で，代表取締役等に一任することも可能と解されており，実務上もそのような運用が広く行われてきた。

もっとも，上記 1 のとおり，取締役の報酬の最高限度額が株主総会等で定められた場合における取扱いについて，会社法上，何らかの規律を設けるべきとの指摘もなされていた。

そこで，改正法は，以下のとおり，新たに「上場会社等」（下記(2)①参照）に対

して，取締役の個人別の報酬等の内容についての決定方針の決定を義務付けるとともに，その内容を事業報告で開示させることとした。

⑵ 「報酬等の決定方針」の決定義務付け

① 「報酬等の決定方針」の決定が義務付けられる範囲

改正会社法361条7項は，以下のいずれかに該当する株式会社（以下，本節において「上場会社等」と総称する）の取締役会に，取締役（監査等委員である取締役を除く）の報酬等の内容として，定款又は株主総会の決議で同条1項各号に掲げる事項についての定めがある場合には，当該定めに基づく取締役の個人別の報酬等の内容についての決定に関する方針として法務省令で定める事項（以下，「報酬等の決定方針」という）の決定を義務付けている（ただし，株主総会決議等で個人別の報酬等の内容を具体的に定めている場合を除く）。

(i)	有価証券報告書提出会社である監査役会設置会社（公開会社であり，かつ，大会社であるものに限る）
(ii)	監査等委員会設置会社

改正法において，上場会社等は，いずれも社外取締役を置かなければならない会社であり（改正法327条の2，会社法331条6項），取締役会に社外取締役が参加し，取締役会による取締役の職務の執行の監督を行うことがとりわけ期待される。このため，上場会社等については，取締役の報酬等の決定手続でも，社外取締役の関与を強めることが必要であるとの判断の下，取締役会において「報酬等の決定方針」を決定することが義務付けられた[1]。

他方で，監査等委員会設置会社の監査等委員である取締役の報酬等は監査等委員である取締役の協議によって定めることとされていることから（会社法361条3項），改正法における決定方針の決定義務付けの対象から除外されている（改正法361条7項柱書）。

---

1) 竹林・一問一答77頁。

図表 2-1 「報酬等の決定方針」として定めるべき事項

(i)	取締役の個人別の報酬等に関する以下の事項の決定に関する方針	
	(A)	業績連動報酬等及び非金銭報酬等以外の報酬等の額又はその算定方法（改正会社則98条の5第1号）
	(B)	業績連動報酬等がある場合には，当該業績連動報酬等に係る業績指標の内容及び当該業績連動報酬等の額又は数の算定方法（同2号）
	(C)	非金銭報酬等がある場合には，当該非金銭報酬等の内容及び当該非金銭報酬等の額若しくは数又はその算定方法（同3号）
	(D)	取締役の個人別の報酬等の額に対する各種類（(A)の報酬等の額，業績連動報酬等の額，非金銭報酬等の額）の割合（同4号）
(ii)	取締役に対し報酬等を与える時期又は条件の決定に関する方針（同5号）	
(iii)	取締役の個人別の報酬等の内容についての決定の全部又は一部を取締役その他の第三者に委任することとするときは，次に掲げる事項（同6号）	
	(A)	委任を受ける者の氏名又は株式会社における地位及び担当
	(B)	委任を受ける者に委任する権限の内容
	(C)	委任を受ける者により(B)の権限が適切に行使されるようにするための措置を講ずる場合は，その内容
(iv)	取締役の個人別の報酬等の内容についての決定の方法（(iii)を除く）（同7号） その他取締役の個人別の報酬等の内容についての決定に関する重要な事項（同8号）	

② 「報酬等の決定方針」の内容

　上場会社等の取締役会が決定すべき「報酬等の決定方針」の内容として，法務省令が定める具体的な事項は，**図表 2-1** のとおりである（改正会社則98条の5）。

　「報酬等の決定方針」として決定すべき内容には，指名委員会等設置会社の報酬委員会が定めなければならない「個人別の報酬等の内容に係る決定に関する方針」（会社法409条1項）に相当するものも含まれるが，それに限られない[2]。また，「報酬等の決定方針」において決定すべき内容は，平成31年1月の企業内容等の開示に関する内閣府令の改正を踏まえて有価証券報告書等において既に開示が行われている項目（開示府令第二号様式記載上の注意（57），第三号様式記載上の注意（38））[3] と重複する事項も多い。このため，その決定にあたっては，有価証

---

2) 中間試案補足説明24頁。
3) 同改正に基づく役員報酬プログラムの記載は，平成31年3月31日以後に終了する事業年度に係る有価証券報告書から求められている。

券報告書における記載内容を参照することも有用と思われる[4]。

(a) 取締役の個人別の「報酬等の決定方針」

改正法は，上場会社等の取締役会に，取締役の個人別の報酬等に関して，①業績連動報酬等，非金銭報酬等以外の報酬については，その額又はその算定方法の決定方針，②業績連動報酬等については，当該業績連動報酬等の業績指標の内容及び当該業績連動報酬等の額又は数の算定方法の決定方針，③非金銭報酬等については，当該非金銭報酬等の内容及び当該非金銭報酬等の額若しくは数又はその算定方法の決定方針を，それぞれ決定することを義務付けている（改正会社則98条の5第1号〜3号）。これは，あくまで「決定に関する方針」の決定を求めるものであって，個別の業績指標や非金銭報酬等の内容を定めることを求めるものではない[5]。

ここでいう「業績連動報酬等」は，利益の状況を示す指標，株式の市場価格の状況を示す指標その他の当該株式会社又はその関係会社の業績を示す指標（この節において，「業績指標」という）を基礎としてその額又は数が算定される報酬等とされる（改正会社則98条の5第2号）。なお，ここでいう「業績指標」には，連結業績を示す指標も含まれ，また，財務指標のみならず，非財務指標も含まれ得る[6]。また，「非金銭報酬等」は，金銭以外の報酬等であり，株式やストックオプションとしての新株予約権を報酬等として直接付与する場合は，当然これに該当するが，加えて，株式や新株予約権と引換えにする払込みに充てるための金銭を報酬等として付与する場合における当該株式や新株予約権もこれに含むこととなる（改正会社則98条の5第3号）。

また，改正法は，上場会社等の取締役会に，取締役の個人別の報酬等に関して，

---

4) 今回の会社法及び会社法施行規則等の改正を踏まえ，改正法施行後の事業報告の記載事項と有価証券報告書の記載事項との平仄を揃える観点から，企業内容等の開示に関する内閣府令の改正が検討されている（令和2年11月6日付で金融庁から公表された企業内容等の開示に関する内閣府令の改正案参照）。以下，本節において同内閣府令に言及している箇所は，いずれも本稿執筆時点で施行されている内容を前提としている。
5) 令和2年省令パブコメ結果19頁〜20頁。
6) 令和2年省令パブコメ結果19頁。

上記業績連動報酬等の額，非金銭報酬等の額，その他の報酬等の額の取締役の個人別の報酬等の額に対する割合の決定に関する方針を決定することも義務付けている（改正会社則98条の5第4号）。これは各取締役の報酬等における種類ごとの比率（いわゆる報酬ミックス）に関する決定方針の決定を求めるものであるが，必ずしも報酬等の種類別に，具体的な割合（例えば，5:3:2）を定めることを要するものではない[7]。

　なお，本改正に基づき取締役の個人別の「報酬等の決定方針」を定めるにあたっては，平成31年1月の企業内容等の開示に関する内閣府令の改正を踏まえて有価証券報告書等において開示が求められている事項を参考とすることが考えられる。例えば，開示府令は，「役員の報酬等の額又はその算定方法の決定に関する役職ごとの方針を定めている場合には，当該方針の内容」の開示を求めているほか，業績連動報酬等について，「業績連動報酬に係る指標，当該指標を選択した理由及び当該業績連動報酬の額の決定方法」や「業績連動報酬と業績連動報酬以外の報酬等の支給割合の決定に関する方針を定めているときは，当該方針の内容」を開示することを求めている（いずれも開示府令第二号様式記載上の注意(57) a，第三号様式記載上の注意(38)）。

　(b)　報酬等を与える時期又は条件の決定に関する方針

　改正会社法施行規則98条の5第5号は，「取締役に対し報酬等を与える時期又は条件の決定に関する方針」の決定を義務付けている。例えば，年次賞与，業績連動報酬等について付与する時期やその条件（一定の目標の達成等）に関する方針が該当すると考えられる。また，報酬等の種類は特に限定されていないことから，基本報酬（固定報酬）が毎月支給されることや，退職慰労金として退任後に支払うこと等もこれに該当する[8]。

---

7)　令和2年省令パブコメ結果21頁。
8)　株式報酬に関して，事前交付型か事後交付型かは，非金銭報酬等の内容（改正会社則98条の5第3号）の一部と考えられるところ，同条1号ないし3号までに掲げる方針と重複するものは，5号の方針として重ねて定める必要はないと考えられる（令和2年省令パブコメ結果21頁〜22頁）。

(c) 取締役の個人別の報酬等の内容の決定の全部又は一部を取締役その他の第
三者に委任する場合の委任に係る事項

　上場会社等の取締役会は，取締役の個人別の報酬等の内容の決定の全部又は一
部を取締役その他の第三者に委任する場合，（Ａ）委任を受ける者の氏名又は株
式会社における地位及び担当，（Ｂ）委任を受ける者に委任する権限の内容，（Ｃ）
委任を受ける者により（Ｂ）の権限が適切に行使されるようにするための措置を
講ずる場合はその内容を「報酬等の決定方針」として定めることが義務付けられ
ている（改正会社則98条の5第6号）。改正前会社法の下で，指名委員会等設置会
社以外の会社における取締役の個人別の報酬等の決定は，株主総会等で定められ
た報酬等の枠内で代表取締役等に一任することも可能と解されており，改正法の
下でも，引き続きそのような対応は可能と解されるが，他方で，このような手続
の透明性を高める観点から「報酬等の決定方針」として定めることが求められて
いる。「第三者に委任する」場合には，任意設置の報酬諮問委員会等に委任する
場合も含まれるところ，その場合は，当該報酬諮問委員会等を構成する各取締役
等に対して当該委任をするものとして，各構成員について（Ａ）～（Ｃ）を定め
ることとなる[9]。一方で，任意の報酬諮問委員会等が，報酬等に係る意見を述べ
るにとどまり，個人別の報酬等を決定しないのであれば，改正会社法施行規則
98条の5第6号に掲げる事項を定める必要はない。なお，委任を受けた代表取
締役等が，かかる任意の報酬諮問委員会の見解を踏まえて当該決定をする場合に
は，当該報酬諮問委員会への諮問が，（Ｃ）の措置に該当することとなる[10]。

(d) 取締役の個人別の報酬等の内容についての決定の方法（取締役その他の第
三者への委任に関する事項以外の事項）

　上場会社等の取締役会は，取締役の個人別の報酬等の内容についての決定の方
法のうち，第三者への委任に関する事項（上記(c)参照）以外の事項があれば，そ
の内容も「報酬等の決定方針」の一つとして決定することが求められる（改正会

---

9) 令和2年省令パブコメ結果23頁。
10) 令和2年省令パブコメ結果24頁～25頁。

社則98条の5第7号）。例えば，個人別の報酬等の内容を取締役会自身が直接決定する場合であっても，その前提として任意の報酬諮問委員会に諮問し，その答申を踏まえて決定する等の事情があれば，そのような手続について定めることが考えられる。

(e)　その他取締役の個人別の報酬等の内容についての決定に関する重要な事項

上場会社等の取締役会は，その他取締役の個人別の報酬等の内容についての決定に関する重要な事項があれば，それも「報酬等の決定方針」の一つとして決定することが求められる（改正会社則98条の5第8号）。例えば，一定の事由が生じた場合に取締役の報酬等を返還させることとする場合に，その事由の決定に関する方針等が考えられる[11]。

③　「報酬等の決定方針」の決定の委任の可否

監査等委員会設置会社の取締役会は，取締役の過半数が社外取締役である場合又は定款に定めがある場合，一定の事項を除き，その決議によって重要な業務執行の決定を取締役に委任することができるが，改正会社法399条の13第5項7号は，「報酬等の決定方針の決定」について，取締役に委任することができない旨を明文で定めている。これは，その重要性から，監査等委員会設置会社においても，その決定を取締役会の専決事項とする旨を定めたものである。他方で，上場会社等のうち監査役会設置会社である会社においては，取締役会が「報酬等の決定方針」の決定を取締役に委任することができない旨の明文の規定は置かれていない。もっとも，これは，「報酬等の決定方針の決定」が，「重要な業務執行の決定」（会社法362条4項柱書）に該当することを前提としているためであり，その決定が取締役会の専決事項であることに違いはない[12]。

---

11)　令和2年省令パブコメ結果26頁。
12)　神田秀樹「『会社法制（企業統治等関係）の見直しに関する要綱案』の解説〔Ⅲ〕」商事法務2193号（2019）7頁。久保田安彦「令和元年会社法改正と取締役の報酬等規制」商事法務2232号（2020）21頁。

④ 「報酬等の決定方針」の効果

　改正法において，「報酬等の決定方針」の決定が義務付けられる上場会社等は，「報酬等の決定方針」を決定し，当該方針に従って取締役の個人別の報酬等の内容を決定しなければならない。上場会社等において，「報酬等の決定方針」を決定せず，又は，定められた決定方針に違反して，取締役の個人別の報酬等の内容を決定した場合には，その報酬等の内容の決定は違法であり，無効と解される[13]。

⑤　事業報告での開示

　改正会社法施行規則121条6号は，「報酬等の決定方針」に関する事項を公開会社の事業報告における開示事項として追加している（詳細は後記 **4** 参照）。

⑥ 「報酬等の決定方針」の改定の要否

　「報酬等の決定方針」は，定款又は株主総会の決議による定めを受けて取締役会等が取締役の報酬等の内容を定めるに際しての方針であると位置付けられることから，株主総会の決議等における取締役の報酬等の定めに基づき決定しなければならない[14]。このため，株主総会において当該報酬等の定めの変更が決議された場合には，その都度，当該定めに対応する「報酬等の決定方針」を決定し直すのが原則となる。

　もっとも，株主総会における変更決議後の報酬等の定めの内容を前提としても，なお従前の「報酬等の決定方針」が妥当するときは，明示的に当該方針を変更することは必ずしも必要ないものと考えられる[15]。また，定款や株主総会の決議による改正会社法361条1項各号の定めに変更がない場合にまで，一定の頻度で取締役会決議による決定が求められるものでもない[16]。

----

[13]　竹林・一問一答78頁。久保田・前掲注12) 21頁。
[14]　部会第19回会議資料28-2・2頁。
[15]　神田秀樹 = 竹林俊憲ほか「座談会　令和元年改正会社法の考え方」商事法務2230号（2020）21頁［竹林発言］。竹林・一問一答80頁。
[16]　令和2年省令パブコメ結果17頁〜18頁。

(3) 株主総会における説明義務の拡大

① 「相当とする理由」の説明義務の拡大

改正前会社法361条4項は，株主総会に不確定額報酬（同条1項2号）及び非金銭報酬（同条1項3号）に関する議案を提出する際に，取締役に対して，当該株主総会において，「当該事項を相当とする理由」を説明することを義務付けていたところ，改正会社法361条4項は，確定額報酬（同条1項1号）も含めて改正会社法361条1項各号に関する議案を提出する際に，当該株主総会において，「当該事項を相当とする理由」を説明することを義務付けた。

改正前会社法で，不確定額報酬や非金銭報酬についてのみこの説明が義務付けられていたのは，確定額報酬と異なり，議案が示されただけでは，株主にとって当該報酬等が必要かつ合理的であるかが必ずしも明確ではないためであった。しかし，近年，報酬等の内容の透明性の向上が求められ，また，取締役に対して適切なインセンティブを付与する観点から，確定額・不確定額，金銭・非金銭の報酬等を組み合わせて付与することが一般的となってきていることもあり，確定額報酬のみの議案であっても，当該報酬等が必要かつ合理的であるかを判断するにあたり，当該議案に示された確定額報酬のみならず，他の種類の報酬等を含む総額に占める割合等についても検討する必要がある。そこで，改正法は，従来の区別を見直し，全ての報酬議案につき，「相当とする理由」として，そのような報酬等を定めることが必要かつ合理的であることについて，株主が理解することができる説明を求めた[17]。

② 「報酬等の決定方針」の説明

改正会社法361条4項は，上記(2)で述べた「報酬等の決定方針」の内容それ自体を株主総会で説明する義務を課すものではない。上記(2)のとおり，「報酬等の決定方針」は，取締役の報酬等に関する株主総会の決議等による定めに基づいて決定されるものと位置付けられており，理論的には，株主総会の決議時点では，

17）竹林・一問一答87頁。

「報酬等の決定方針」はまだ存在していないためである。

　もっとも，報酬議案の可決後に，取締役会等がどのような内容の「報酬等の決定方針」を定めようとしているかは，当該議案の内容の合理性や相当性を基礎付けるものであり，株主が当該議案についての賛否を決定する上で重要な情報である。また，「報酬等の決定方針」の決定を義務付けられる会社の場合，報酬等に関する議案を株主総会に提出する時点で，当該株主総会決議に基づき決定しようとしている方針の内容が存在するのが通常と考えられる。

　このため，取締役は，改正会社法361条4項に基づく同条1項各号に定める報酬等に関する議案を「相当とする理由」の説明として，当該決定又は改定しようとしている「報酬等の決定方針」の内容についても，必要な説明をすることが求められる。その意味で，改正会社法361条4項の改正は，実質的には，「報酬等の決定方針」として想定している内容を株主総会において説明させることを念頭に置いて行われた改正でもある[18]。

(4)　適用時期（経過措置）

　改正会社法361条4項及び7項について，特段の経過措置は定められておらず，いずれも改正法の施行後直ちに適用される。

　このため，「報酬等の決定方針」の決定が義務付けられる会社は，改正法の施行と同時に決定を行う必要があり，改正法施行後に株主総会当日を迎える株主総会では，株主総会当日に上記(3)で述べた説明が求められることとなる。

　なお，株主総会において一定の事項を説明しなければならない議案の場合は，当該説明すべき内容を株主総会参考書類に記載することが求められ（会社則73条1項2号），実務上は，当日の説明もかかる株主総会参考書類の記載を引用しつつ行うことが多い。このため，改正法施行前に株主総会の招集手続が開始され，株

18）部会第18回会議資料27・6頁〜7頁では，「報酬等の決定方針」の内容の概要や当該議案が当該方針に沿うものである理由を説明させることも検討されていたものの，本文で述べた「報酬等の決定方針」の位置付けから，直接的には改正会社法361条4項に基づく「相当とする理由」の説明を確定額報酬にも拡大するという形が採用された（部会第19回会議資料28-2・2頁）。竹林・一問一答79頁も参照。

主総会参考書類の記載は「なお従前の例による」（改正省令附則2条9項）とされ
ている場合でも，株主総会当日が改正法施行後となるのであれば，当日の説明も
意識をしつつ，株主総会参考書類を作成することが望ましい。

---

point 実務のポイント

　改正法は，上場会社等に対して，新たに取締役の「報酬等の決定方針」の
決定を義務付けており，かかる規律については，経過措置が存しないため，
改正法の施行と同時に適用されることになる。

　もっとも，実務上は，コーポレートガバナンス・コード（原則3—1
（ⅲ））等も踏まえ，既に各社においては，何らかの役員報酬決定方針を定め
ていることが多いと思われる。この点，各社で改正法の施行前から定められ
ている「報酬等の決定方針」が法務省令（改正会社則98条の5）の内容を
満たすものであり，かつ，それが取締役会において決定されたものであれば，
改正法の施行後に改めて取締役会で方針を決定し直す必要はない[19]。他方
で，取締役会における「報酬等の決定方針」の定めがない，あるいは，改正
法で求められる「報酬等の決定方針」としては不十分なものである場合には，
個人別の報酬等の決定自体が無効となってしまう可能性もある。

　このため，「報酬等の決定方針」の決定の義務付けの対象となる上場会社
等においては，実務上は改正法の施行を待たずに，自社の現行方針の内容が
法務省令で定められた「報酬等の決定方針」に照らし十分なものであるかを
確認し，必要に応じ改正法の施行日までに「報酬等の決定方針」について，
取締役会で決議をしておくことが重要である。

---

19) 神田＝竹林ほか・前掲注15) 21頁［竹林発言］。

3. 株式報酬等に関連する事項

 改正のポイント

①株式報酬やストックオプションの付与にあたって定款又は株主総会の決議によって定めるべき「具体的な内容」が明確化された。

②上場会社の取締役の報酬等に関して，無償での株式発行やいわゆる「0円ストックオプション」の付与が認められることとなった。

(1) 改正の経緯

　改正前会社法361条1項3号は，「報酬等のうち金銭でないものは，その具体的な内容」について，定款又は株主総会の決議によって定める旨を規定するが，「具体的な内容」として財産上の利益をどこまで特定しなければならないかについては，解釈上必ずしも明らかではなかった。他方で，当該会社の株式又は新株予約権を報酬等とする場合には，既存の株主に持株比率の低下や希釈化による経済的損失が生ずる可能性がある。そのため，当該会社の株式又は新株予約権を報酬とする場合，株主が希釈化の影響やインセンティブ報酬を付与する必要性を判断できるよう，その「具体的な内容」をより明確にすることが望ましいと考えられる[20]。

　そこで，改正法は，改正前会社法361条1項3号に定める内容の一部を具体化し，指名委員会等設置会社以外の株式会社において，定款又は株主総会の決議によって定めるべき事項を明確化した（後記(2)）。また，改正法は，株式や新株予約権を利用した報酬制度の導入が広がりつつある状況を踏まえ，より円滑に株式を報酬等として交付することができるよう，上場会社の取締役に対する報酬等として付与される株式の発行や新株予約権の行使に際しての出資の履行を不要とすることを可能とした（後記(3)）。

20）竹林・一問一答84頁。

(2) 株式報酬等に係る株主総会決議事項の具体化

① 改正内容

　改正会社法361条1項3号ないし5号は，取締役に対して，当該株式会社の株式又は新株予約権（これらの取得に要する資金に充てるための金銭を含む）を報酬等とする場合，定款又は株主総会の決議により，株式や新株予約権の数の上限をはじめとする一定の事項を定めなければならないこととしている。これは改正前会社法361条1項3号に定める「具体的な内容」の一部を，より具体化したものである。

　また，改正前の実務では，金銭を報酬等としつつ，当該金銭報酬債権を現物出資させることで株式を交付したり（現物出資構成），当該金銭報酬債権と新株予約権と引換えに払い込む金額（払込金額）の支払債務を相殺し，新株予約権を交付したりすること（相殺構成）が行われているところ，改正法は，このような報酬等の付与方法にも対応するため，取締役に対して直接的には金銭報酬債権のみを付与する場合にも対応した規定を定めている（改正法361条1項5号イ・ロ）。

　改正会社法361条1項3号ないし5号及び法務省令で定められた具体的事項について，報酬等の内容別にまとめると，**図表2-2**のとおりとなる。

　また，指名委員会等設置会社の報酬委員会における決定事項についても，同様に具体化がなされている（改正法409条3項3号～5号，改正会社則111条～111条の3）。ただし，報酬委員会による決定の場合は，**図表2-2**の各①に関して，株式・新株予約権の数の「上限」ではなく，「数」を定める必要があるほか，それぞれ「概要」[21]とされている部分は，「概要」ではなく，それぞれの内容を定める必要がある。

---

21) 「概要」を記載する事項について，実際にどの程度の内容を定める必要があるかにつき，令和2年省令パブコメ結果14頁は，例えば，改正会社法施行規則98条の2第1項，98条の4第1項1号の「一定の事由の概要」（**図表2-2**のうち株式の②）に関して，「募集株式を付与することが取締役に適切なインセンティブを付与するものであるかどうかを株主が判断するために必要な事項」は株主総会決議等で定められる必要がある一方で，「当該事由の細目等の決定を取締役会に委ねることは可能であると考えられる」との見解を示しており，その他の「概要」についても，基本的には同様の考え方に基づき判断していくものと考えられる。

図表 2-2　株式報酬等に関して報酬等として株主総会決議等で決定すべき事項

報酬等の内容	決議すべき事項
株式（株式の取得と引換えにするための金銭を付与する場合を含む。改正法 361 条 1 項 3 号，5 号イ。改正会社則 98 条の 2，98 条の 4 第 1 項）	① 株式の数（種類株式発行会社にあっては，株式の種類及び種類ごとの数）の上限 ② 一定の事由が生ずるまで当該株式を他人に譲り渡さないことを約させることとするときは，その旨及び当該一定の事由の概要 ③ 一定の事由が生じたことを条件に当該株式を株式会社に無償で譲り渡すことを約させることとするときは，その旨及び当該一定の事由の概要 ④ その他当該株式を割り当てる（又は，当該株式と引換えにする払込みに充てるための金銭を交付する）条件を定めるときは，その条件の概要
新株予約権（新株予約権の取得と引換えにするための金銭を付与する場合を含む。改正法 361 条 1 項 4 号，5 号ロ。改正会社則 98 条の 3，98 条の 4 第 2 項）	① 新株予約権の数の上限 ② 新株予約権の目的である株式の数（種類株式発行会社にあっては，株式の種類及び種類ごとの数）又はその数の算定方法 ③ 新株予約権の行使に際して出資される財産の価額又はその算定方法 　※ただし，新株予約権の行使に際して出資を要しない場合は，以下のとおり 　　（i） 新株予約権の行使に際して出資を要しない旨 　　（ii） 当該取締役（取締役であった者も含む）以外の者は，当該新株予約権を行使することができない旨 ④ 金銭以外の財産を新株予約権の行使に際して出資される財産とするときは，その旨及び当該財産の内容及び価額 ⑤ 新株予約権を行使することができる期間 ⑥ 一定の資格を有する者が当該新株予約権を行使することができることとするときは，その旨及び当該一定の資格の内容の概要 ⑦ その他当該新株予約権の行使条件を定めるときは，その条件の概要 ⑧ 新株予約権の譲渡について会社の承認を要することとするときは，その旨 ⑨ 新株予約権に取得条項を付すときは，その内容の概要 ⑩ 当該新株予約権を割り当てる（又は，当該新株予約権と引換えにする払込みに充てるための金銭を交付する）条件を定めるときは，その条件の概要

② 　適用時期（経過措置）

　本改正について，特段の経過措置は定められていないため，改正法の施行後直ちに改正法の規律が適用されることとなる。

　このため，改正法の施行後に，各種の株式報酬を発行するためには，改正会社

法361条1項各号の規律に基づく株主総会決議等の定めが必要となる（改正法施行前の株主総会決議等の扱いについては，後記「実務のポイント」参照）。

⬤point 実務のポイント

　改正前会社法の下で，既になされた株式報酬等に係る株主総会決議が，改正法の下で引き続き有効な決議と見て良いか，場合により再決議が必要となるのかは実務上も重要な論点となる。

　この点，本改正は，改正前会社法361条1項3号の「具体的な内容」の一部を，より具体化したものであることからすれば，改正法の施行前になされた株主総会決議等の内容が，改正会社法361条1項各号で求められる内容（法務省令で定められる事項も含む）を全て満たす形で決議されているといえる場合[22]には，改正会社法361条1項各号に掲げる事項について決議があるものと同様に解することができ，改正法の施行後に改めて決議を経る必要はないと解される[23]。

　もっとも，従来の株主総会決議は，必ずしも改正会社法361条1項各号の決議事項を全て満たした形にはなっていないことも考えられる[24]。また，従来の株主総会決議において，改正会社法361条1項各号の決議事項に相当する情報が株主に提供されているとしても，決議事項としてではなく，あくまで参考情報として提供されているに過ぎない場合には，改正会社法361条1項各号の決議事項を全て満たした決議とはいえない可能性もある。そのような場合には，改正法の施行後に株式報酬等を発行するためには，株主総会決議等を改めて取り直す必要がある。

22）例えば，現物出資構成にて発行される譲渡制限付株式報酬について，改正前会社法の下では，理論上は，改正前会社法361条1項1号（又は2号）による決議のみを得れば足り，同項3号による非金銭報酬としての決議は不要と解されていた一方で，ベストプラクティスとして，改正前会社法361条1項3号，ひいては，改正会社法361条1項3号ないし5号に相当する事項（株式の上限数等）も議案の中で説明した上で，報酬決議を得るのが一般的であった。例えば，譲渡制限付株式報酬に関して，経済産業省『「攻めの経営」を促す役員報酬──企業の持続的成長のためのインセンティブプラン導入の手引（2020年9月時点版）』86頁等参照。

23）神田＝竹林ほか・前掲注15）22頁［神田発言］。

いずれにしても実務上は，既に株式報酬等に関する株主総会決議が存在する場合，当該決議の内容が，改正法の下での有効な決議と見て良いか検討しておく必要がある。

(3) 取締役の報酬等である株式及び新株予約権に関する特則（無償交付の解禁）

① 概要

　改正前会社法では，募集株式の発行又は自己株式処分に際しては，常に会社法199条1項2号の募集株式の払込金額又はその算定方法を定めなければならないことから，取締役に対して報酬等として株式を交付する場合には，取締役に対して付与した金銭報酬債権を現物出資させる方法（現物出資構成）が行われてきた。また，改正前会社法では，新株予約権の行使に際しては，常に金銭の払込み等をしなければならないため（会社法236条1項2号），実務上，行使価額を1円として，実質的に行使に際しての金銭の払込みを要しないような運用（いわゆる「1円ストックオプション」）が広く行われてきた。

　改正法は，株式や新株予約権を利用した報酬制度が拡大している状況を踏まえ，より円滑に付与を行うことができるよう，上場会社の取締役に対する報酬等の付与に関して，株式の発行や新株予約権の行使に際しての出資を不要とすることを可能とした[25]。

---

24) 例えば，相澤哲ほか『論点解説　新・会社法』（商事法務，2006）316頁では，ストックオプションとしての新株予約権の付与に際して報酬等として決議が必要となる改正前会社法361条1項3号の「具体的内容」について，「具体的に付与する新株予約権または付与を予定する新株予約権の条件のすべてを決議する必要はなく，例えば，当該新株予約権の行使により発行される株式数の上限や新株予約権の譲渡の可否，行使価額またはその算定方法，行使条件……退職慰労金として付与される場合を除き，退職その他の事情により役員等の資格を失った場合には，行使することができなくなること等の事項を定めれば足りる」との説明がなされており，改正会社法361条1項4号，改正会社法施行規則98条の3各号に定める事項を概ね網羅しているものと思われるが，例えば，取得条項の内容の概要（改正会社則98条の3第5号）については，明示的には含まれておらず，実務上も株主総会決議に際して，それらが明示的に決議されていない事例も存するものと思われる。
25) 竹林・一問一答88頁，90頁。

② 改正内容

改正法は，「取締役の報酬等に係る募集事項の決定の特則」として，改正会社法202条の2を新設し，金融商品取引所（金商法2条16項）に上場されている株式を発行している株式会社（上場会社）が，定款又は株主総会の決議による改正会社法361条1項3号に掲げる事項についての定めに従いその発行する株式又はその処分する自己株式を引き受ける者の募集をするときは，会社法199条1項2号（払込金額）及び4号（払込期日）に定める事項を定めることを要しないものとした（改正法202条の2第1項柱書）。また，その場合，取締役の報酬等として株式の発行又は自己株式の処分をするものであり，募集株式と引換えにする出資の履行を要しない旨及び割当日を定めることが必要となる（改正法202条の2第1項1号及び2号）。かかる定めがある場合には，引受人は，割当日に株主となる（改正法209条4項）。この場合，当該取締役（取締役であった者も含む[26]）以外の者は，募集株式の申込みをし，又は募集株式の総数引受契約の締結をすることはできず（改正法205条3項），監査役や取締役を兼務しない従業員に対して，この規定に基づく交付を行うことはできない[27]。

また，同じく，改正法は，改正会社法236条3項を新設し，上場会社が，定款又は株主総会の決議による改正会社法361条1項4号又は5号ロに掲げる事項についての定めに従い新株予約権を発行するときは，改正会社法236条1項2号に掲げる事項（行使に際して出資される財産の価額）を当該新株予約権の内容とすることを要しないものとし，その場合，(i)新株予約権の行使に際して出資を要しない旨，及び(ii)当該取締役（取締役であった者も含む[28]）以外の者は，当該新株予約権を行使することができない旨を定めるものとした。株式と同様に，監査役や取締役を兼務しない従業員に対して，この規定に基づく交付を行うことはできない[29]。なお，この(i)(ii)は，いずれも登記事項となる（改正法911条3項12号ハ）。

---

26) 「取締役であった者」には，その相続人が含まれ得ると解される（部会第17回会議資料26・10頁の補足説明）。
27) 竹林・一問一答88頁。
28) 前掲注26）参照。

以上については，いずれも，上場会社の取締役の報酬等に限定された措置であることに留意する必要がある。上場会社以外の株式については，市場価値が存在せず，その公正な価値を算定することが容易ではないため，上記規定を上場会社以外の会社に適用すると，それが濫用され，不当な経営者支配を助長するおそれがあるためとされる[30]。

③　指名委員会等設置会社について

　指名委員会等設置会社においては，報酬委員会による決定に従い，「取締役」に加えて，「執行役」に対する報酬等についても，②の定めを適用することができるようにするための読替え規定が定められている（改正法202条の2第3項，205条5項，236条4項）。

④　資本金及び準備金として計上すべき額

　株式の発行により計上すべき資本金等の額は，原則として株式の発行に際して株主となる者が払込み等をした額を基礎として計算されるが（会社法445条1項ないし3項），上場会社が改正会社法202条の2に基づき金銭の払込み等を要しないで発行する株式（新株予約権の行使により発行される株式も含む）の発行により資本金又は準備金として計上すべき額については，いわゆる「事前交付型」「事後交付型」の区別に従い，会社法計算規則で定められている（改正法445条6項，改正計算則42条の2，42条の3，54条の2）[31]。

　なお，事前交付型，事後交付型いずれも，資本金等増加限度額の2分の1を超えない額は，資本金として計上せず，資本準備金として計上することができる（改正計算則42条の2第2項・3項，42条の3第2項・3項）。

29）竹林・一問一答90頁。
30）竹林・一問一答92頁。
31）会計処理の詳細については，企業会計基準委員会「実務対応報告公開草案第60号『取締役の報酬等として株式を無償交付する取引に関する取扱い（案）』」（2020年9月11日）も参照。

⑤　適用時期（経過措置）

　本改正について，改正法では特段の経過措置は定められていない。改正法の施行後に，株式報酬の無償発行や０円ストックオプションの発行を行う場合には，改正法の規律に従い発行することになる。

⑷　**インセンティブ報酬の種類ごとのポイント**

　インセンティブ報酬の種類は多岐に亘るが，そのうち代表的なものについて，上記で述べた改正を踏まえたポイントを整理する。

①　事前交付型株式報酬——リストリクテッド・ストック（RS），パフォーマンス・シェア（PS）等

　改正前会社法の下で，取締役に対して事前交付型株式報酬を付与する場合，一般に金銭報酬債権を付与し，併せて同債権を現物出資財産として株式を発行した上で，当該株式について譲渡制限を設定し，一定期間経過後（PSの場合は，業績目標の達成度合いも踏まえて）に譲渡制限を解除するという方法が行われてきたが，改正法の下で，同じ形で事前交付型株式報酬を付与するためには，改正会社法361条1項1号（又は2号）の決議に加えて，同項5号イに関する事項を決議することが求められる。

　この点，改正前会社法の下で事前交付型株式報酬を導入する際の株主総会決議では，報酬等として直接付与されるものは金銭報酬債権であるとしても，かかる金銭報酬債権の総額のみならず，当該金銭報酬債権を現物出資することにより発行される株式数の上限数，譲渡制限期間，譲渡制限解除事由，さらには，一定の場合の株式の無償取得（没収）に関する事由を定める形で決議されている場合も多かった。このため，上記⑵②「実務のポイント」で述べたとおり，改正法施行前の株主総会決議が，改正会社法361条1項1号（又は2号）に加え，同項5号イで求められる決議の内容を全て満たす形となっている場合には，改正法の施行後も当該決議に基づき株式報酬を発行することが認められる。他方で，当該決議が改正法の下で求められる決議事項を満たす形となっていない場合には，改正法

施行後に新たに株式報酬を発行するためには，改めて株主総会決議を経なければならない。

　また，改正法の下では，上場会社の取締役・執行役の報酬等に関して，新たに改正会社法202条の2第1項に定める無償交付の特則を利用することが可能となるが，指名委員会等設置会社以外の場合，改正会社法361条1項1号（又は2号）に関する事項に加えて，同項3号に関する事項を株主総会決議等で定めることが求められる。もっとも，これまで改正会社法202条の2第1項の適用を前提として改正会社法361条1項3号に相当する株主総会決議を行っていた例はないと解されるため，かかる形式で株式報酬を発行するためには，改めて報酬等に関する株主総会決議を得た上で付与する必要があろう。

② 事後交付型株式報酬——リストリクテッド・ストック・ユニット（RSU），パフォーマンス・シェア・ユニット（PSU）等

　取締役に対して事後交付型株式報酬を付与する場合，①と同様に，改正法施行前に，改正会社法361条1項1号（又は2号）に加え，同項5号イで求められる決議の内容を全て満たす形で株主総会決議がなされていた場合は，当該決議に基づいて改正法施行後も新たに株式報酬を発行することが認められる。

　他方で，当該決議の内容が改正会社法361条1項1号（又は2号）に加え，5号イの事項を全て含む形ではなかった場合は，改めて株主総会決議を得るまでは新たに株式報酬を発行することはできないことになる。もっとも，事後交付型株式報酬の場合，株主総会決議に基づき事後交付型株式報酬を付与してから実際に取締役に株式が発行されるまでに一定の期間が空くことになるため，そのような場合であっても，経過措置（改正法附則2条ただし書）の適用によって，改正法施行後に株式発行のための条件等が成就した場合には，改めて株主総会決議を経なくとも株式を発行できないか問題となる[32]。この点，報酬等として株式を受け取ることができる権利が具体的に発生しているといえるような株主総会決議やそれに基づく取締役会決議が改正法の施行前に行われており，当該株式を条件付で受け取ることができる権利が具体的に発生していたといえる場合には，経過措置（改正

法附則 2 条ただし書）が適用され，改正法の施行後に当該条件が成就した場合には，改正法施行前の株主総会決議に基づき株式を発行してよいと考えられる[33]。

③ 株式交付信託

株式交付信託について，改正前会社法下における実務では，改正前会社法 361 条 1 項 1 号ないし 3 号の決議を取ることが広く行われているところ，改正会社法 361 条 1 項の下での扱いが問題となる。典型的な株式交付信託のスキームでは，発行会社は受託者である信託銀行に金銭を付与し，信託銀行が当該金銭を用いて市場において当該会社の株式を取得し，役員のポイントに応じて株式を付与する方法が用いられる（**図表 2-3 参照**）。この場合，役員に対して直接株式や新株予約権（又はその取得と引換えにするための金銭）が交付されるわけではないため厳密

図表 2-3　株式交付信託スキーム図の概略[34]

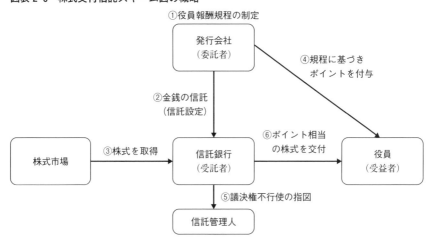

---

32) 例えば，一定期間を業績評価期間とする事後交付型株式報酬を，改正法施行前に導入している会社（制度導入初年度の株主総会において，今後 3 年間の中期経営計画の目標達成度に応じて 3 年後に株式を交付する形で決議し，初年度の決議の 1 年後に改正法が施行された場合で，初年度において決議した内容が改正法の定める要件を全て網羅した決議となっていないとき）において，施行後に施行前の決議に基づき株式報酬を支給できるかが問題となる（神田 = 竹林ほか・前掲注 15）23 頁［石井裕介発言］）。
33) 神田 = 竹林ほか・前掲注 15）23 頁［竹林発言］。

にいえば，同項 3 号や 5 号イには該当せず，同項 6 号に基づき「具体的な内容」を定めることになると思われるが，改正法の趣旨に鑑みれば，その内容は同項 5 号イに準ずるものとする必要があると思われる[35]。例えば，同項 5 号イに定める「取締役が引き受ける当該募集株式の数……の上限」に相当するものとしては，取締役に付与されるポイント数の上限及びそれを株数に換算した場合の上限株数を定めることとなろう。

④　ストックオプション

改正法の下で，取締役に対して報酬等としてストックオプションを付与する場合，株主総会において，改正会社法 361 条 1 項 1 号（又は 2 号）に関する事項に加えて，同項 4 号（無償構成の場合）又は 5 号ロ（相殺構成の場合）に関する事項を決議することが求められる。

また，改正法によって，上場会社の取締役に対して，行使にあたって払込みを要しないいわゆる「0 円ストックオプション」の発行も可能となった。しかし，その行使価額が 1 円であるか 0 円であるかという，形式的な違いを除けば，「0 円ストックオプション」と従来の「1 円ストックオプション」との間に大きな差はない[36]。また，改正会社法 236 条 3 項に基づく無償交付の特則は，上場会社の取締役の報酬等として，新株予約権を発行する場合に限られ，当該会社や子会社の幹部従業員に対してストックオプションを付与する場合には利用することができない[37]。そのため，改正法の施行前にストックオプションに関する株主総会決議を得ている会社のうち，当該決議が改正会社法 361 条 1 項 4 号又は同項 5 号ロの内容を満たすものである場合には，従来の決議に基づいて「1 円ストック

34）神田 = 竹林ほか・前掲注 15）24 頁の図を基に，筆者作成。
35）神田 = 竹林ほか・前掲注 15）23 頁［竹林発言］。なお，会社法 361 条 1 項 1 号及び 2 号に相当する決議は，改正法の下でも同様に必要になるものと解される。
36）例えば，「0 円ストックオプション」は，行使価額が付与時の株式時価以上であることという適格要件（租税特別措置法 29 条の 2 第 1 項 3 号）を当然満たさないため，税制非適格となる税法上の扱いも，従前の「1 円ストックオプション」と変わりない。
37）竹林・一問一答 90 頁。

オプション」を発行する方が，報酬プログラムの柔軟かつ統一的な設計が可能という意味も含めて，実務上便宜な場合もあろう。

⑤　金銭を交付資産とする業績連動報酬──パフォーマンスキャッシュ，ファントム・ストック，ストックアプリシエーションライト（SAR）等

　改正会社法361条，202条の2第1項及び236条3項に関する今回の改正は，いわゆるインセンティブ報酬の中でも，株式又は新株予約権（これらを取得するための金銭を含む）を交付資産とする報酬を対象とした改正である。そのため，いわゆるパフォーマンスキャッシュ，ファントム・ストック，ストックアプリシエーションライト（SAR）等といった，最終的に交付される財産が金銭である業績連動報酬の付与を巡る手続には直接影響しない（引き続き会社法361条1項1号又は2号の内容が決議事項となる）。ただし，これらの業績連動報酬についても，「報酬等の決定方針」が事業報告における記載事項となったり，株主総会における説明義務の範囲が拡大されること等には留意が必要である。

4．事業報告における開示の拡充

 改正のポイント

①会社役員（取締役，会計参与，監査役及び執行役）の報酬等の内容に係る決定手続等に関する透明性の向上を目的として，公開会社の事業報告における開示事項を拡充。
②報酬等として付与された株式や新株予約権等に関する記載事項を追加。

(1)　改正の経緯

　改正前会社法の下でも，公開会社は，事業報告において取締役を含む会社役員の報酬等に関して一定の事項を開示する必要があったが（旧会社則121条4号・5号等），株主が取締役等の報酬等の内容がインセンティブの付与の観点から適切に定められているかどうかを判断できるように，開示事項をより充実化させるべ

きと指摘されていた。今回の改正では，これらの指摘も踏まえ，公開会社における会社役員の報酬等に関する開示事項が拡充された。

(2) 報酬等に関する記載事項の拡充

会社役員（取締役，会計参与，監査役及び執行役。会社則2条3項4号）の報酬等の内容として改正会社法施行規則で開示が拡充された具体的な開示項目は，**図表2-4** のとおりである（改正会社則121条4号，同条5号の2ないし6号の3。なお，会社則124条5号）。以下，項目ごとに詳述する。

① 報酬等の種類ごとの総額

改正会社法施行規則121条4号は，役員に対する報酬等がインセンティブとして適切に機能しているかどうかを株主が把握できるようにする観点から，従来，報酬等全体の総額のみの開示を求めていたものを変更し，業績連動報酬等，非金銭報酬等，及び，それら以外の報酬等という報酬等の種類ごとの総額の開示を求めている。報酬等の種類別の開示は，取締役（監査等委員又はそれ以外の取締役で区分），会計参与，監査役又は執行役，あるいは，社外役員という役員区分ごとに開示することが求められているが（改正会社則121条4号イ，会社則124条5号イ），任意に会社役員ごとの個別開示を行うことも可能である（改正会社則121条4号ロ・ハ，会社則124条5号ロ・ハ）。

② 業績連動報酬等に関する事項

改正会社法施行規則121条5号の2は，役員が業績連動報酬等（改正会社則98条の5第2号）を受けている場合，(i)業績連動報酬等の額又は数の算定の基礎として選定した業績指標の内容及び当該業績指標を選定した理由，(ii)業績連動報酬等の額又は数の算定方法，(iii)業績連動報酬等の額又は数の算定に用いた(i)の業績指標に関する実績，の開示を求めている。これは，役員に対する報酬等に業績連動報酬等が含まれる場合に，会社が当該業績連動報酬等をどのような業績を目指すインセンティブとして機能させようと考えているか，意図した業績の達成状況，

図表 2-4　報酬等の開示拡充事項

報酬等の種類ごとの総額（改正会社則121条4号，会社則124条5号）	業績連動報酬等，非金銭報酬等，それら以外の報酬等の種類ごとの総額 ※取締役（監査等委員又はそれ以外），会計参与，監査役又は執行役ごとの報酬等の総額開示 ※社外役員の報酬等も種類ごとの区分開示 ※各役員の個別開示は任意
業績連動報酬等に関する事項（改正会社則121条5号の2）	①業績連動報酬等の額又は数の算定の基礎として選定した業績指標の内容及び当該業績指標を選定した理由 ②業績連動報酬等の額又は数の算定方法 ③業績連動報酬等の額又は数の算定に用いた①の業績指標に関する実績
非金銭報酬等に関する事項（同5号の3）	非金銭報酬等の内容
報酬等についての定款又は株主総会決議の定めに関する事項（同5号の4）	①当該定款を定めた日又は株主総会の決議の日 ②当該定めの内容の概要 ③当該定めに係る会社役員の員数
「報酬等の決定方針」に関する事項（同6号，6号の2）	①取締役（監査等委員を除く），執行役の個人別の「報酬等の決定方針」を定めている場合には，以下の事項 （ⅰ）当該方針の決定の方法 （ⅱ）当該方針の内容の概要 （ⅲ）当該事業年度に係る取締役（監査等委員を除く）・執行役の個人別の報酬等の内容が当該方針に沿うものであると取締役会（指名委員会等設置会社では，報酬委員会）が判断した理由 ②①以外の各会社役員の報酬等の額又はその算定方法に係る決定の方針を定めている場合には，以下の事項 （ⅰ）当該方針の決定の方法 （ⅱ）当該方針の内容の概要
取締役会の決議により報酬等の決定を委任している場合の委任に関する事項（同6号の3）	①当該委任に基づき当該事業年度の取締役（監査等委員を除く）の報酬等の内容を決定した旨 ②当該委任を受けた者の氏名並びに当該内容を決定した日における当該株式会社における地位及び担当 ③委任された権限の内容 ④③の権限を委任した理由 ⑤③の権限が適切に行使されるようにするための措置を講じた場合には，その内容

それに伴い付与される具体的な報酬等の内容が株主に分かるように情報開示を充実させるという趣旨に基づくものである。

このうち，(ii)については，業績連動報酬等と業績指標との関連性等，業績連動報酬等の算定に関する考え方を株主が理解できる程度の記載が求められるが，開示された業績指標に関する実績等から業績連動報酬等の具体的な額又は数を導くことができるような記載が必ずしも求められるものではない[38]。(iii)について，令和2年9月1日公表の会社法施行規則改正案では，業績連動報酬等の額又は数の算定に用いた業績指標の「数値」の開示が求められていたが，業績指標「に関する実績」の開示に修正された[39]。

なお，有価証券報告書提出会社においては，有価証券報告書等において，業績連動報酬に関して同様の開示が求められており（開示府令第二号様式記載上の注意(57)a・b，第三号様式記載上の注意(38)）[40]，当該会社は，かかる開示内容も踏まえた形で開示を行うことが考えられる。

③　非金銭報酬等の内容

改正会社法施行規則121条5号の3は，役員が非金銭報酬等（改正会社則98条の5第3号）を受けている場合にその内容の開示を求めている。例えば，非金銭報酬等として株式が交付される場合，当該株式の種類，数や当該株式を割り当てた際に付された条件の概要等を記載することが考えられる[41]。また，非金銭報酬等には，株式や新株予約権を直接交付する場合だけでなく，株式や新株予約権と引換えにする払込みに充てるための金銭を報酬とする場合の株式や新株予約権も含まれることとなるほか，社宅等の提供がある場合にはその内容も含まれることとなる。また，職務執行の対価として，株式や新株予約権が付与される場合には，下記(3)に記載するとおり，本号に加えて，改正会社法施行規則122条1項2

38）令和2年省令パブコメ結果30頁〜31頁。
39）令和2年省令パブコメ結果31頁。
40）具体的には，業績連動報酬と業績連動報酬以外の報酬等の支給割合の決定に関する方針や役員の報酬等の額又はその算定方法の決定に関する役職ごとの方針の内容に加え，業績連動報酬に係る指標，当該指標を選択した理由及び当該業績連動報酬の額の決定方法，さらに，当事業年度における業績連動報酬に係る指標の目標及び実績等の記載が求められている。
41）令和2年省令パブコメ結果32頁。

号及び 123 条に基づく事項の開示も義務付けられることになるが，両者との間で，開示内容が重なり合う部分も多い。

④ 報酬等についての定款又は株主総会決議の定めに関する事項

改正会社法施行規則 121 条 5 号の 4 は，役員の報酬等に関して，定款又は株主総会決議での定めがある場合，(i)当該定款の定めを設けた日又は当該株主総会の決議の日，(ii)当該定めの内容の概要，(iii)当該定めに係る会社役員の員数[42]の開示を求めている。各会社において，いかなる報酬体系（上限額，インセンティブプラン）が適切であるかは，役員の員数の変動も含めてその時々の状況によって変わり得るものの，株主がその判断を行う前提として適切な情報が得られるよう，現在有効な報酬等についての株主総会決議の内容の概要やその定めに係る員数等の開示を求めている。実務上は，株主総会決議の年月日や上限額等については，既に事業報告において任意に開示されている例も多いが，有価証券報告書における記載（開示府令第二号様式記載上の注意（57）a，第三号様式記載上の注意（38））等も参考に開示内容を検討することとなろう。

⑤ 「報酬等の決定方針」に関する事項

改正会社法施行規則 121 条 6 号は，上記 2 で述べた上場会社等において決定が求められる「報酬等の決定方針」（改正法 361 条 7 項参照）や指名委員会等設置会社において決定が求められる「執行役等の個人別の報酬等の内容に係る決定に関する方針」（会社法 409 条 1 項参照）に関する事項の開示を求めている。

具体的には，取締役（監査等委員である取締役を除く），執行役の「報酬等の決定方針」を定めているときは，(i)当該方針の決定の方法，(ii)当該方針の内容の概要，(iii)当該事業年度に係る取締役，執行役の個人別の報酬等の内容が当該方針に沿うものであると取締役会（指名委員会等設置会社では，報酬委員会）が判断した

---

[42] ここでいう「員数」は，定款の定めが設けられ，又は株主総会決議がされた時点で，その定めの対象とされていた会社役員の員数を指す（令和 2 年省令パブコメ結果 32 頁）。

理由，の開示が求められる。(i)の「当該方針の決定の方法」は，単に「取締役会が定める」「報酬委員会が定める」とする以外にも，「独立社外取締役を主要な構成員とする任意の報酬諮問委員会に対する諮問，答申を踏まえて，取締役会が定める」としたり，「社外コンサルタントの助言を受けて取締役会が定める」等の記載が考えられる[43]。また，(ii)は，概要の開示で足りるが，当該方針の分量次第では内容全体を記載する方が適切である場合も考えられる。さらに，(iii)は，直接は当該事業年度に係る取締役・執行役の報酬等の内容が当該方針に沿うものであると取締役会（指名委員会等設置会社では，報酬委員会）が判断した理由の開示を求めるものであるが，その前提として，事業年度ごとに，当該事業年度の報酬等の内容が当該方針に沿うものであるか，取締役会（又は報酬委員会）での判断が求められることに留意する必要がある。なお，改正会社法施行規則 121 条 6 号における「報酬等の決定方針」の記載の基準時は，事業報告作成時又は当該事業年度末日のいずれもあり得るが，事業年度中又は事業年度末日後に「報酬等の決定方針」に変更があった場合は，変更前の当該方針についても(iii)の理由の説明のために必要な記載をすべきと考えられる[44]。

　改正会社法施行規則 121 条 6 号の 2 は，同条 6 号の方針以外に会社役員の「報酬等の決定方針」を定めているときは，「当該方針の決定の方法」や「その方針の内容の概要」の開示を求めている。会社役員のうち監査等委員である取締役や監査役等の報酬等についての方針を定めている場合には，開示が必要となる。

⑥　取締役会の決議により報酬等の決定を委任している場合の委任に関する事項
　改正会社法施行規則 121 条 6 号の 3 は，取締役会設置会社において取締役会が取締役（監査等委員である取締役を除く）の個人別の報酬等の内容の全部又は一部に係る決定を取締役その他の第三者に委任（いわゆる再一任）をしている場合において，(i)当該委任に基づく決定がなされたときはその旨，(ii)当該委任を受けた

---

43)　改正前会社法施行規則 121 条 6 号に関する解説として，石井裕介ほか編著『新しい事業報告・計算書類〔全訂版〕』（商事法務，2016）131 頁。令和 2 年省令パブコメ結果 37 頁。
44)　令和 2 年省令パブコメ結果 35 頁～36 頁。

者の氏名並びに当該内容を決定した日における当該株式会社における地位及び担当, (iii)委任された権限の内容, (iv)権限を委任した理由, (v)委任した権限が適切に行使されるようにするための措置を講じた場合はその内容の開示を求めている。

　改正前会社法施行規則では, いわゆる報酬等の決定の再一任に関する事項は, 開示事項ではなかったが, 代表取締役等への再一任の有無を含めた報酬等の決定プロセスの透明性を確保するため, 新たに事業報告における開示事項とされたものである。例えば, 任意の報酬委員会が委任を受けて決定したときは, 当該委員会の各構成員が(ii)「当該委任を受けた者」に該当することになる[45]。有価証券報告書提出会社においては, 既に有価証券報告書等において一定の開示が求められており (開示府令第二号様式記載上の注意 (57) c, 第三号様式記載上の注意 (38))[46], 当該会社は, かかる開示内容も踏まえた形で改正法に対応した開示を行う必要がある[47]。

(3)　報酬等として付与された株式, 新株予約権等に関する記載事項の拡充

①　職務執行の対価として交付した株式に関する事項

　改正会社法施行規則 122 条 1 項 2 号は, 株式会社が当該事業年度中に会社役員に対して職務執行の対価として交付した株式に関して, (i)取締役・執行役 (監査等委員及び社外役員を除く), (ii)社外役員である社外取締役 (監査等委員を除く), (iii)監査等委員である取締役, (iv)取締役・執行役以外の会社役員の区分ごとの株式の数及び株式の交付を受けた者の人数の開示を求めている。当該事業年度において株式報酬として付与された株式の交付状況の開示を求めるものである。ここでいう「会社役員」には, 会社役員であった者 (会社役員を退任した者) も含まれる。例えば, 株式交付信託において, 役員の退任後に在任中に累積したポイント

---

45) 令和 2 年省令パブコメ結果 37 頁。
46) 具体的には, 報酬等の額又は算定方法の決定に関する方針の決定権限を有する者の氏名又は名称, その権限の内容及び裁量の範囲, 報酬等の額又は算定方法の決定に関する方針の決定に関与する委員会 (任意の委員会を含む) における手続の概要等の開示が求められている。
47) さらに, 今回の会社法及び会社法施行規則等の改正を踏まえ, 開示府令についても改正が検討されている (前掲注 4) 参照)。

職務執行の対価として交付した株式に関する事項（改正会社則 122 条 1 項 2 号）	事業年度中に会社役員に職務執行の対価として交付した株式に関する以下の事項 （i）当該株式の数（種類株式発行会社では，株式の種類及び種類ごとの数） （ii）当該株式の交付を受けた者の人数 ※以下の区分ごとに開示 ・取締役・執行役（監査等委員・社外役員を除く） ・社外役員である社外取締役（監査等委員を除く） ・監査等委員である取締役 ・取締役・執行役以外の会社役員 ※報酬債権の現物出資構成によるものも対象
職務執行の対価として交付した新株予約権等に関する事項（改正会社則 123 条）	※開示事項は，改正前会社法施行規則 123 条各号と同様 ※報酬債権との相殺構成によるものも対象に含まれることの明確化

相当の株式が交付される場合も考えられるが，この場合に交付された株式も開示の対象となる[48]。また，職務執行の対価として交付した株式は，職務執行の対価として株式を直接交付した場合に限らず，いわゆる現物出資構成により交付された株式（株式の払込みに充てるための金銭報酬債権を付与し，当該報酬債権を現物出資するのと引換えに株式を交付した場合における当該株式）も含まれることになる。

② 職務執行の対価として交付した新株予約権等に関する事項

改正会社法施行規則 123 条は，当該事業年度末日に在任する会社役員が当該事業年度末日に保有する職務執行の対価として付与された当該株式会社の新株予約権等（改正会社則 2 条 3 項 14 号）を有しているときに，上記①の会社役員の区分と同様の区分ごとに，当該新株予約権等の内容の概要及び新株予約権等を有する者の人数の開示を求めるとともに（改正会社則 123 条 1 号），当該事業年度中に当該会社の使用人等に対して職務執行の対価として交付した新株予約権等の内容の概要と交付した人数の開示を求めている（会社則 123 条 2 号）。

48）令和 2 年省令パブコメ結果 40 頁。

かかる開示が求められること自体は，改正前と同様であるが，改正省令は，いわゆる相殺構成により交付された新株予約権等も開示対象に含まれることを明確化した（改正会社則 123 条 1 号括弧書）。実例としては，職務執行の対価として発行された新株予約権であれば，相殺構成により発行されたものも含めて開示対象とする例も多かったように思われるが，改正省令の下では，この点が明確化された。

(4) 適用時期（経過措置）

改正省令附則 2 条 11 項は，改正法の施行日前にその末日が到来した事業年度のうち最終のものに係る事業報告の記載又は記録については，なお従前の例によるとしている。このため，改正法の施行日（令和 3 年 3 月 1 日）以前，例えば，令和 3 年 2 月末日を決算期とする会社が作成する事業報告は，改正前会社法施行規則に従って作成することになる一方で，改正法の施行日（令和 3 年 3 月 1 日）以後にその末日が到来する事業年度に係る事業報告は，改正会社法施行規則の定めに従って作成する必要がある。

このため，3 月決算（6 月総会）の会社の場合，改正法の施行後に末日を迎える令和 3 年 3 月期に係る事業報告は，改正会社法施行規則の適用を前提に作成する必要がある。

---

point **実務のポイント**

改正会社法施行規則により，新たに開示が求められる事項については，既に有価証券報告書等において開示が行われている事項と重複する事項も多く（開示府令第二号様式記載上の注意（57），第三号様式記載上の注意（38）），有価証券報告書提出会社の場合には，既に開示している有価証券報告書等の記載を参考に事業報告の開示内容を整理していくことが考えられる。ただし，改正会社法施行規則で求められる開示事項は，各社がこれまでに提出していた有価証券報告書等における開示事項とは一部異なる事項も存在する上，令

和3年3月期決算の会社の場合，令和3年6月の定時株主総会に向けて作成する事業報告で直ちに改正法の規律を前提にした開示が求められることになる。

　このため，上場会社等においては，改正法の施行と同時に決定が義務付けられる「報酬等の決定方針」（改正法361条7項）の決定に向けた準備とともに，それを踏まえた事業報告における開示内容について，改正法の施行前から早めに準備を開始することが求められる。なお，今回の会社法及び会社法施行規則等の改正を踏まえ，開示府令についても改正の検討が進められており，開示府令の改正動向にも留意し，有価証券報告書の記載についても再検討を進めることが有益と考えられる。

<h1 style="text-align:center">第 2 節　補償契約</h1>

 改正のポイント

会社が役員等との間で締結する補償契約に関し，補償できる費用・損失の範囲やその内容を決定するための手続，事業報告や株主総会参考書類における開示に関する明文の規律が新たに設けられた。

1．改正の経緯

(1)　会社補償とは

　改正法は，新たに補償契約に関する規定を設けている（改正法 430 条の 2）。

　役員等が職務の執行に際して負う損害賠償責任やその防御に要する費用を会社が負担（補償）することを約する契約（補償契約）の締結を認める制度を，会社補償という。

　会社補償には，役員等として優秀な人材を確保するとともに，役員等がその職務の執行に関して第三者に対する損害賠償責任を負うことを過度に恐れることによりその職務の執行が萎縮することを防止し，役員等に対して適切なインセンティブを付与することのほか，適切な防御活動によって会社の損害の拡大を阻止するという意義が認められる[49]。

(2)　改正前会社法における会社補償及び改正の趣旨

　改正前会社法には，会社補償に関して直接に定める規定はない。そのため，役員等に生じた損失や費用の補償は，民法上の委任の規定（会社法 330 条，民法 650 条）に基づく償還のほか，経済産業省の下に設置された「コーポレート・ガバナ

---

[49] 竹林・一問一答 106 頁。

ンス・システムの在り方に関する研究会」が公表した「コーポレート・ガバナンスの実践～企業価値向上に向けたインセンティブと改革～」の「別紙3　法的論点に関する解釈指針（2016年3月）」（以下本節において「解釈指針」という）の要件を満たした補償契約の締結が可能であると考えられていた。

　まず，民法650条1項は，受任者は委任者に対し「委任事務を処理するのに必要と認められる費用」の償還を求めることができると定め，また，同条3項は，受任者が「委任事務を処理するため自己に過失なく損害を受けた」ときは，委任者に対し，その賠償を請求することができると定めている。したがって，役員等は，当該規定に基づき，会社に対して費用や損失を請求することが可能である。もっとも，民法650条3項は「過失なく」との要件を定めていることから，役員等に過失が認められる場合には，委任者に対する賠償請求は認められない規律となっており，かかる民法の規定の適用に際して，どこまでの範囲で任意規定なのか，会社法上の手続はどうなのか等，不明な点があった[50]。

　これに対し，解釈指針は，補償契約の締結が「一定の範囲で一定の要件を満たせば……現行法のもとでも認められる」との解釈を示すものであった（同指針8頁（第3の3(1)））。具体的には，民法650条に基づく会社の償還ないし賠償義務をしなくても良い場合において，会社が補償を行うには，①事前に会社と役員との間で補償契約を締結し，その内容に従って補償すること，②利益相反の観点からの取締役会決議及び社外取締役が過半数の構成員である任意の委員会の同意を得ること又は社外取締役の全員の同意を得ること，③職務を行うについて悪意又は重過失がないこと，④補償の対象は職務の執行に関する第三者に対する損害賠償金及び争訟費用であること（争訟費用は会社に対する責任に関するものも含む）が要件となるとされていた。

　もっとも，改正前会社法の下での枠組みにおいては，会社補償の可能な範囲やその手続についての解釈は必ずしも確立されたとはいえず，実務上，役員に過失

---

50) 神田秀樹「『会社法制（企業統治等関係）の見直しに関する要綱案』の解説〔Ⅳ〕」商事法務2194号（2019）15頁（注1）。

等が認められる場合には，会社補償をすることはあまりないと指摘されていた。また，米国等においては，役員等の過失がある場合についても一定の範囲で会社補償が認められているため，わが国において役員等に過失がある場合を会社補償の対象としないとなると，海外から役員等を招聘する際に障害となり得るという問題や，これによる国際競争力への影響が指摘されていた[51]。

　そこで，改正法は，補償契約に基づき会社補償を行うことができる範囲や補償契約を締結するための手続等を明確にするべく，新たに，会社補償に関する規定を置いたものである。

2. 改正法の内容

　改正法において，「補償契約」とは，役員等がその職務の執行に関し，法令の規定に違反したことが疑われ，又は責任の追及に係る請求を受けたことに対処するために支出する費用や，第三者に生じた損害を賠償する責任を負う場合における損失の全部又は一部を，役員等に対して補償することを約する契約と規定されている（改正法430条の2第1項）。

(1) 補償契約の相手方

　会社が補償契約を締結することができる相手方は，会社法423条1項に規定する「役員等」であり（改正法430条の2第1項），取締役，会計参与，監査役，執行役及び会計監査人を指す（会社法423条1項）[52]。

(2) 補償の範囲

① 費用（いわゆる，防御費用）の補償

　改正法は，会社は，「当該役員等が，その職務の執行に関し，法令の規定に違反したことが疑われ，又は責任の追及に係る請求を受けたことに対処するために

51）竹林・一問一答106頁。
52）竹林・一問一答103頁。

図表 2-6　補償の範囲，要件等

	責任追及の主体		補償することができない費用
	第三者	会社	
費用（防御費用）	○	○	・「通常要する費用の額」を超える部分 ※自己若しくは第三者の不正な利益を図り，又は当該会社に損害を加える目的で職務の執行をしたことを会社が知った場合には，事後的に返還請求が可能
損失（損害賠償金・和解金） 善意無重過失	○	×	・会社が第三者に対し損害賠償することにより役員等が対会社責任を負う場合の当該部分
損失（損害賠償金・和解金） 悪意重過失	×		

支出する費用」，いわゆる防御費用（弁護士費用等）を補償することができる旨定
めている（改正法 430 条の 2 第 1 項 1 号）。

　(a)　「職務の執行に関し」

　「職務の執行に関し」とは，株式会社の役員等としての職務の執行に関連性を
有することを指す。具体的にどのような場合に該当するかは解釈に委ねられるが，
例えば，役員等が職務と全く関係なく個人的に損害を賠償する責任を負うことや
責任の追及に係る請求を受けたことに対処するために支出する費用等を株式会社
が補償することについては「職務の執行に関し」との要件を満たさないとされて
いる[53]。

　(b)　責任追及の主体

　防御費用については，役員等に対して責任を追及する主体が会社であっても第
三者であっても，補償は制限されていない。そのため，株主が会社法 847 条 3 項
に規定する責任追及等の訴えを提起する場合や，会社が当該責任追及等の訴えを
提起する場合も，当該役員等が支出する防御費用は会社補償の対象となる。

　(c)　役員等の主観的要件

　後記②とは異なり，改正法は，防御費用については，役員等に悪意又は重過失

<hr>

53）竹林・一問一答 108 頁。

がある場合であっても，補償の対象外とはしていない。その趣旨は，役員等が第三者から責任の追及に係る請求を受けた場合には，当該役員等が適切な防御活動を行うことができるように，これに要する費用を会社が負担することが，会社の損害の拡大の防止につながり，会社の利益になることもあると考えられることや，防御費用であれば，役員等に悪意又は重過失がある場合にこれを補償の対象としたとしても，通常は職務の適正性を害するおそれが高いとまではいえないことにあるとされている[54]。

　ただし，補償契約の内容として，役員等がその職務を行うにつき悪意又は重大な過失があった場合には会社は防御費用を補償しない旨定めることは可能である。改正法は，改正会社法 430 条の 2 第 2 項に定める範囲の費用等を除き，会社が役員との間で締結する補償契約により，補償をすることができる条件を個別に定めることができることとしているためである[55]。

　(d)　会社補償できない範囲――「通常要する費用の額を超える部分」

　防御費用のうち「通常要する費用の額を超える部分」については，会社補償の対象とすることができない（改正法 430 条の 2 第 2 項 1 号）。改正会社法 430 条の 2 第 2 項により，補償契約の内容にかかわらず，当該部分の補償は認められないことになる。

　「通常要する費用の額」とは，役員等が，その職務の執行に関し，法令の規定に違反したことが疑われ，又は責任の追及に係る請求を受けたことに対処するために支出する防御費用として必要かつ十分な程度として社会通念上相当と認められる額をいう。その具体的な額は，役員等の責任を追及する訴えに係る事案の内容その他諸般の事情を総合的に勘案して客観的に通常必要とされる金額をいうとされている（かかる解釈に際しては，会社法 852 条 1 項の「相当と認められる額」の解釈が参考となるとされている）[56]。

　「通常要する費用の額」を超える金額の補償がされた場合には，当該部分につ

54）竹林・一問一答 112 頁。
55）竹林・一問一答 113 頁。
56）竹林・一問一答 111 頁。

いては会社は当該役員に対し，不当利得返還請求をすることができる。また，「通常要する費用の額」を超える金額の補償がされ，会社に損害が生じた場合には，当該補償をすることに関与した取締役の善管注意義務違反が問われ得る[57]。

(e) 返還請求

補償契約に基づき費用を補償した会社が，当該役員等が自己若しくは第三者の不正な利益を図り，又は当該会社に損害を加える目的（図利加害目的）で職務の執行をしたことを知ったときは，事後的に補償した金額に相当する金銭の返還請求が可能とされている（改正法430条の2第3項）。

防御費用の補償は訴訟等の進行過程において必要となる可能性が高い一方，当該補償が必要となる時点においては事案の全容が明らかでないことも多く，会社において当該役員等が図利加害目的で職務を執行したか否かを判断することは困難である。そのため，会社による事後的な返還請求が認められている[58]。なお，当該返還請求権は，株主代表訴訟の対象となると解されている[59]。

② 損失の補償

改正法は，会社は，「当該役員等が，その職務の執行に関し，第三者に生じた損害を賠償する責任を負う場合」において，「当該損害を当該役員等が賠償することにより生ずる損失」又は「当該損害の賠償に関する紛争について当事者間に和解が成立したときは，当該役員等が当該和解に基づく金銭を支払うことにより生ずる損失」，いわゆる損害賠償金や和解金を補償することができる旨を定めている（改正法430条の2第1項2号イ・ロ）。

役員等が納付しなければならない罰金や課徴金は，罰金や課徴金を定めている各規定の趣旨を損なう可能性があるため，会社補償の対象とされていない[60]。

---

57) 竹林・一問一答110頁。
58) 竹林・一問一答120頁〜121頁。
59) 髙橋陽一「会社補償および役員等賠償責任保険（D&O保険）」商事法務2233号（2020）20頁。
60) 竹林・一問一答116頁。

(a) 「職務の執行に関し」

上記①の防御費用の補償の場合と同様である。

(b) 責任追及の主体

損失の補償については，条文上，役員等が「第三者」に生じた損害を賠償する責任を負う場合における損失に限定されており（改正法430条の2第1項2号柱書），役員等が「会社」に生じた損害を賠償する責任を負う場合は会社補償の対象とされていない。このような場合に役員等が会社に対して支払うべき損害賠償金や和解金を補償すると，会社に対する当該役員等の責任を免除することと実質的に同じこととなり，会社に対する責任免除の手続（会社法424条以下）によらずに，補償を認めるべきでないと考えられたためである[61]。

(c) 会社補償できない範囲——役員等に求償できる部分

会社が第三者に対して損害を賠償した場合において，役員等に対して求償することができる部分については，会社補償をすることができない（改正法430条の2第2項2号）。

会社が第三者に対して損害を賠償した場合において役員等に求償することができる部分についても補償することができるとすると，当該役員等の会社に対する損害賠償責任を免除することと実質的に同じこととなる。しかし，会社に対する責任免除の手続（会社法424条以下）によらずに，補償を認めるべきでないとされ，当該部分については補償することができないとされた[62]。

例えば，代表取締役その他の代表者が職務を行うについて第三者に損害を加え不法行為責任を負う場合には，会社は第三者に対して，会社法350条に基づき，連帯して損害賠償責任を負うこととなる。この場合，会社が第三者に対して損害賠償金を支払った場合には，会社は当該役員に対し会社法423条1項の損害賠償責任に基づき求償することになるが，当該求償部分については，改正会社法430条の2第2項2号により，会社補償の対象とすることはできない。

---

61) 竹林・一問一答115頁。
62) 竹林・一問一答117頁。

会社の行為は常にその代表機関によってされるため，基本的には，会社が第三者に対して損害賠償責任を負う場合には，会社には負担部分がなく，会社は役員等に対して全額求償できる場合が多いと考えられる。もっとも，例えば会社が社外取締役と責任限定契約を締結している場面において，当該契約により当該社外取締役が賠償する責任を負わないとされた額については，会社は当該社外取締役に対して求償することができないため，当該額は会社補償の対象となる[63]。

　(d)　会社補償できない範囲——役員等に悪意又は重過失がある場合

　役員等がその職務を行うにつき悪意又は重過失があったことにより第三者に対して損害賠償責任を負う場合における損害賠償金及び和解金については，会社補償をすることができない（改正法430条の2第2項3号）。

　例えば，会社法429条1項に規定する役員等の第三者責任は，「役員等がその職務を行うについて悪意又は重大な過失があったとき」を要件とするため，改正会社法430条の2第2項3号により，会社補償の対象とすることはできない。

　したがって，第三者に生じた損害を役員等が賠償することにより生ずる損失について会社補償できるのは，役員等に悪意又は重過失がないために，会社法429条1項に基づく責任は負わないが，軽過失はあるために，民法709条等の規定に基づく責任を第三者に対して負う場合である[64]。

　役員等に悪意又は重過失があるか明らかでないまま和解が成立した場合には，会社が当該役員等がその職務を行うにつき悪意又は重過失がなかったと判断したときは，当該役員等が和解金を支払うことにより当該役員等に生ずる損失を補償することができる。なお，事後的に当該役員等の悪意又は重過失が明らかとなった場合には，本来は補償することができなかったにもかかわらず補償したことになるため，会社は役員等に対し，補償した金額に相当する金銭につき不当利得返還請求をすることになる[65]。

63）竹林・一問一答117頁。
64）竹林・一問一答118頁。
65）竹林・一問一答119頁。

(3) 補償契約に関する決定手続

補償契約の内容の決定には，株主総会（取締役会設置会社においては，取締役会）
の決議を要する（改正法 430 条の 2 第 1 項柱書）。そして，取締役会は，当該決定
を取締役又は執行役に委任することはできない。改正法は，監査等委員会設置会
社において取締役に委任できない事項（改正法 399 条の 13 第 5 項 12 号），指名委
員会等設置会社において執行役に委任できない事項（改正法 416 条 4 項 14 号）と
して，これを明文化している。またこれら規定は，監査等委員会設置会社及び指
名委員会等設置会社以外の取締役会設置会社においても，会社法上において取締
役会決議事項と明示されたことから，取締役に委任できない事項であると解され
ている[66]。

補償契約の内容の決定に際し，株主総会決議ないし取締役会決議が必要とされ
たのは，補償契約には役員等の利益と会社の利益が相反するおそれがあり，また，
補償契約の内容が役員等の職務の執行の適正性に影響を与えるおそれがあること
に鑑みると，補償契約の内容の決定をするために必要な機関決定は，利益相反取
引に準じたものとすることが相当であるためである（会社法 356 条 1 項，365 条 1
項，419 条 2 項）[67]。

なお，取締役会設置会社において，補償契約の内容の決定に関して取締役会で
決議する場合，補償契約の当事者となる取締役は，特別の利害関係（会社法 369
条 2 項）を有するものとして，議決に加わることはできないと解される[68]。

(4) 取締役会への報告義務

補償契約が適正に実行されていることを確認するため，取締役会設置会社にお
いては，補償契約に基づく補償をした取締役及び当該補償を受けた取締役は，遅
滞なく，当該補償についての重要な事実を取締役会に報告しなければならない
（改正法 430 条の 2 第 4 項）。当該規律は，執行役にも準用されている（改正法 430

---

66) 竹林・一問一答 103 頁〜104 頁。
67) 竹林・一問一答 102 頁。
68) 髙橋・前掲注 59)。

条の2第5項)。

(5) 利益相反取引規制の適用除外

　改正前会社法の下では，会社と取締役との間の補償契約の締結及び当該補償契約に基づく補償は，会社と取締役の間の取引であり，会社法356条1項2号の利益相反取引に該当し得ると考えられる。もっとも，改正法においては，補償契約の内容の決定は，株主総会又は取締役会の決議によらなければならないこととしているため，その上で，さらに利益相反取引として株主総会ないし取締役会の承認等の手続に関する規律を適用する必要性は乏しいと考えられる。そこで，改正法においては，会社と取締役（又は執行役）との間の補償契約については，利益相反取引規制を適用しないこととしている（改正法430条の2第6項)[69]。

　具体的には，以下の利益相反取引規制が適用除外となる。

① 利益相反取引に係る株主総会又は取締役会の承認（会社法356条1項，365条1項）

② 取引後の取締役会への重要な事実の報告（会社法365条2項）

③ 利益相反取引に係る対会社責任における任務懈怠の推定（会社法423条3項）

④ 自己取引において任務懈怠が当該取締役の責めに帰することができない事由によるものであったとしても会社法423条1項の責任を免れない旨の規定（会社法428条1項）

　なお，補償契約について利益相反取引規制を適用しないこととすると，自己契約及び双方代理等に関する民法108条の適用除外を定める会社法356条2項も適用されないようにも思われる。しかし，株主総会ないし取締役会の決議によってその内容が定められた補償契約の締結については，会社法356条1項の承認を受

----

[69] 竹林・一問一答122頁〜123頁。

けた取引と同様に扱うことが相当である。そこで会社法は，民法108条の規定は，株主総会ないし取締役会の決議によってその内容が定められた補償契約の締結については適用しないものとしている（改正法430条の2第7項）[70]。

(6) 事業報告への記載

補償契約は，役員等の職務の執行の適正性に影響を与えるおそれがあり，また補償契約には利益相反性が類型的に高いものもあるため，その内容は株主にとって重要である。

そこで改正会社法施行規則は，事業年度の末日において公開会社である会社において，補償契約を締結している場合には補償契約に関する一定の事項を事業報告の内容に含めなければならないとしている（改正会社則121条3号の2〜3号の4）（**図表2-7**）。

また，役員等のうち会計参与及び会計監査人との間で補償契約を締結している場合にも，同様の開示が求められる（改正会社則125条2号〜4号，126条7号の2〜7号の4）。

図表2-7　事業報告における記載事項

①当該会社役員（取締役，監査役，執行役）の氏名（改正会社則121条3号の2イ）
②当該補償契約の内容の概要（当該補償契約によって当該役員の職務の執行の適正性が損なわれないようにするための措置を講じているときはその措置の内容を含む[71]）（同号ロ）
③会社が，会社役員（前事業年度の末日までに退任済みの者を含む）に対して，その職務の執行に関し費用（防御費用）を補償し，かつ，当該事業年度において，当該役員が当該職務の執行に関し法令に違反したこと又は責任を負うことを知ったときは，その旨（同条3号の3）
④当該事業年度において，会社が，会社役員（前事業年度の末日までに退任済みの者を含む）に対して，その職務の執行に関し損害賠償金や和解金を補償したときは，その旨及び補償した金額（同条3号の4）

70）竹林・一問一答124頁。
71）当該措置としては，例えば，補償契約において，会社が補償する額について限度額を設けたり，会社が当該役員に対して責任を追及する場合において当該役員に生ずる費用については補償できないとしていること等が考えられる（竹林・一問一答126頁）。

⑺　**株主総会参考書類への記載**

　事業報告に関して述べたとおり，補償契約の内容は，株主にとって重要であることから，改正会社法施行規則では，役員選任議案に係る株主総会参考書類において，候補者と会社との間で補償契約を締結しているとき又は補償契約を締結する予定があるときは，その補償契約の内容の概要を記載することを求めている（改正会社則74条1項5号，74条の3第1項7号，75条5号，76条1項7号，77条6号）。

3．経過措置

　改正法の施行前に締結された補償契約については，改正会社法430条の2は適用されず，施行後に締結された補償契約から適用される（改正法附則6条）。

　したがって，改正法の施行前に締結された補償契約については，既に効力を生じているため補償契約の内容を決定する手続に関する規定は適用されないことはもとより（改正法附則2条ただし書），利益相反取引規制の適用除外といった，それ以外の規律も適用されないことになる[72]。

　また，改正会社法施行規則の事業報告に係る規定は施行日後に締結された補償契約について適用される（改正省令附則2条10項）。株主総会参考書類に係る規定も，同様に施行日後に締結される補償契約について適用されることとなる（改正省令附則2条6項）。ただし，株主総会参考書類においては，役員選任後に補償契約を締結する予定がある場合には，その予定の開示が求められることに留意する必要がある。

4．実務への影響

　改正法において補償契約を締結するための手続等が明確となったため，改正法の施行後は当該規定に基づいて補償契約を締結することになる。

　なお，改正会社法430条の2に定める規律は，役員等との補償契約について，

---

[72]　竹林・一問一答127頁。

会社法上最大限認められる補償契約の内容及び会社法上最低限求められる補償契約の手続を規定したものと解されるため，例えば，役員等との間に締結する補償契約において，改正法の下で補償が認められる損失等の範囲よりも補償の範囲を限定することや補償が認められるための要件をさらに厳しくすること等は可能であると考えられている[73]。

　他方，改正法施行後においても，補償契約を締結せずに会社が役員等に対して会社法330条や民法650条に基づき補償を行うことは否定されない。また，改正法に定める補償契約とは異なるものとして費用の償還や補償に関する契約を締結することも，それが改正法上の補償契約の定義に該当しない限り，委任の規定の下での費用償還等に関する契約として認められると指摘されている[74]。

---

73) 竹林・一問一答113頁。
74) 神田＝竹林ほか・前掲注15) 27頁［神田発言］。

第3節　役員等のために締結される保険契約

> **point 改正のポイント**
>
> 役員等賠償責任保険契約に関し，その内容を決定するための手続，事業報告
> や株主総会参考書類における開示に関する明文の規律が新たに設けられた。

1．改正の経緯

(1)　役員等賠償責任保険契約とは

　改正法は，新たに役員等賠償責任保険契約に関する規定を設けている（改正法
430条の3）。

　「役員等賠償責任保険契約」とは，改正法において，「株式会社が，保険者との
間で締結する保険契約のうち役員等がその職務の執行に関し責任を負うこと又は
当該責任の追及に係る請求を受けることによって生ずることのある損害を保険者
が塡補することを約するものであって，役員等を被保険者とするもの（当該保険
契約を締結することにより被保険者である役員等の職務の執行の適正性が著しく
損なわれるおそれがないものとして法務省令で定めるものを除く。……）」と定
義されている（改正法430条の3第1項）。

　法務省令では，まず，「被保険者に保険者との間で保険契約を締結する株式会
社を含む保険契約であって，当該株式会社がその業務に関連し第三者に生じた損
害を賠償する責任を負うこと又は当該責任の追及に係る請求を受けることによっ
て当該株式会社に生ずることのある損害を保険者が塡補することを主たる目的と
して締結されるもの」は役員等賠償責任保険契約に含まれないとされている（改
正会社則115条の2第1号）。これは，いわゆる生産物賠償責任保険（PL保険），
企業総合賠償責任保険（CGL保険）等であり，会社がその業務を行うにあたり，
会社に生ずることのある損害を塡補することを目的として締結されるものであっ

て，役員等は会社とともに被告とされることが多いため付随的に被保険者に追加されている場合が多いという関係にある。そのため，会社役員賠償責任保険（以下「D&O保険」という）のような役員等自身の責任に起因する損害を塡補することを目的とする保険とは異なる性質を有し，利益相反性が類型的に低いと指摘される[75]。

　また，法務省令においては，「役員等が第三者に生じた損害を賠償する責任を負うこと又は当該責任の追及に係る請求を受けることによって当該役員等に生ずることのある損害（役員等がその職務上の義務に違反し若しくは職務を怠ったことによって第三者に生じた損害を賠償する責任を負うこと又は当該責任の追及に係る請求を受けることによって当該役員等に生ずることのある損害を除く。）を保険者が塡補することを目的として締結されるもの」も，役員等賠償責任保険契約に含まれないとされている（改正会社則115条の2第2号）。これは，いわゆる自動車賠償責任保険，海外旅行保険等であり，自動車の運転中や旅行行程中に生じた偶然の事故等，役員等としての職務上の義務以外の行為によって第三者に損害を生じさせた場合を想定して加入する保険ということができる。そのため，これらの保険によって被保険者である役員等の職務の適正性が損なわれるおそれは大きくないと指摘される[76]。

　上記法務省令により，「役員等賠償責任保険契約」には，いわゆるD&O保険やこれに準ずる保険にかかる契約が該当することになる[77]。

　D&O保険には，役員等として優秀な人材を確保するとともに，役員等がその職務の執行に関して損害賠償責任を負うことを過度に恐れることによりその職務の執行が萎縮することを防止し，役員等に対して適切なインセンティブを付与するという意義が認められる。

---

[75] 竹林・一問一答128頁〜129頁。
[76] 竹林・一問一答128頁〜129頁。
[77] 竹林・一問一答128頁。

⑵　改正前会社法下での D&O 保険及び改正の趣旨

　D&O 保険は，既にわが国においても上場会社を中心に広く普及している。しかし，改正前会社法には，D&O 保険に関して直接に定める規定はなかった。

　そのため，従来の実務においては，D&O 保険の保険料のうち，役員等が会社に対して損害賠償責任を負う場合に生じることのある損害を塡補する，いわゆる株主代表訴訟担保特約部分の保険料については，会社と取締役の間の利益相反の観点から，役員等が負担すべきとの解釈があった[78]。もっとも，その後，経済産業省の下に設置された「コーポレート・ガバナンス・システムの在り方に関する研究会」が公表した「コーポレート・ガバナンスの実践〜企業価値向上に向けたインセンティブと改革〜」の「別紙 3　法的論点に関する解釈指針」（以下，本節において「解釈指針」という）が，①取締役会の承認及び②社外取締役が過半数の構成員である任意の委員会の同意又は社外取締役全員の同意を得た場合など一定の場合には，株主代表訴訟担保特約部分も含めて，保険料を会社が負担できるとの解釈を示し，当該解釈指針に従った実務が行われるようになった。

　改正法は，D&O 保険が適切かつ法的安定性を保って運用され，会社が当該保険契約を締結するための手続等を明確になるよう，新たに，D&O 保険の内容を決定するための手続及び事業報告における開示に関する規定を置いたものである[79]（なお，第 2 節の会社補償の場合と異なり，補償を塡補するのは会社ではなく保険会社であることから，会社補償のような補償の範囲についての制限は規定されていない）。

2.　改正法の内容

⑴　対象

　上記 **1**⑴のとおり，改正法が規定するのは役員等賠償責任保険契約であり，

---

78)　竹林・一問一答 132 頁
79)　竹林・一問一答 131 頁。

その主たるものは D&O 保険の契約である（改正法 430 条の 3 第 1 項）。

　「役員等を被保険者とするもの」である必要があるため，役員等のために締結されるものであっても，会社を被保険者とする保険契約は対象とならない[80]。なお，ここにいう「役員等」とは，取締役，会計参与，監査役，執行役及び会計監査人を指す（会社法 423 条 1 項）。

　また，「職務の執行に関し」とは，会社の役員等としての職務の執行に関連性を有することをいうが，具体的にどのような場合に会社の役員等としての職務の執行に関連性を有するということができるかは解釈に委ねられる[81]。

⑵　役員等賠償責任保険契約に関する決定手続

　役員等賠償責任保険契約の内容の決定には，株主総会（取締役会設置会社においては，取締役会）の決議を要する（改正法 430 条の 3 第 1 項）。そして，取締役会は，当該決定を取締役又は執行役に委任することはできない。改正法は，監査等委員会設置会社において取締役に委任できない事項（改正法 399 条の 13 第 5 項 13 号），指名委員会等設置会社において執行役に委任できない事項（改正法 416 条 4 項 15 号）として，これを明文化している。

　またこれら規定は，監査等委員会設置会社及び指名委員会等設置会社以外の取締役会設置会社においても，会社法上において取締役会決議事項と明示されたことから，取締役に委任できない事項であると解されている[82]。

　役員等賠償責任保険契約の内容の決定に際し，株主総会決議ないし取締役会決議が必要とされたのは，役員等賠償責任保険契約には利益相反性が類型的に高いものもあることや，その内容が役員等の職務の執行の適正性に影響を与えるおそれがあることに鑑みると，当該保険の契約内容の決定をするために必要な機関決定は，利益相反取引に準じたものとすることが相当であるためである（会社法

80）竹林・一問一答 135 頁。
81）竹林・一問一答 133 頁。
82）竹林俊憲ほか「令和元年改正会社法の解説〔Ⅳ〕」商事法務 2225 号（2020）9 頁。竹林・一問一答 129 頁。

356 条 1 項, 365 条 1 項, 419 条 2 項)[83]。

なお, 取締役会設置会社において, 役員等賠償責任保険契約の内容の決定に関して取締役会で決議する場合, 当該契約の当事者となる取締役は, 特別利害関係人として決議から排除すべきかが問題となる。役員等のために締結される保険契約であって取締役等を被保険者とするものは, 保険料を会社が負担することによって, 被保険者である役員等に生ずることのある損害が塡補されるという関係にある。したがって, 被保険者である取締役は, 当該決議について, 会社に対する忠実義務を誠実に履行することが定型的に困難であると認められる個人的な利害関係を有するということができ, 特別の利害関係 (会社法 369 条 2 項) を有すると考えられる[84]。したがって, 取締役会決議に際しては, 各取締役を被保険者とする部分について, 被保険者である各取締役が自らを被保険者とする部分についての議決に加わることがないように, それ以外の取締役で, 別個に決議することになる[85]。

他方, 役員等賠償責任保険契約は会社を保険契約者とし, 取締役全員を被保険者としていることが多く, 全ての取締役が共通の利害関係を有している場合には特別利害関係人の規定 (会社法 369 条 2 項) は適用がないとして[86], 取締役の議決からの排除は不要との見解もある[87]。当該整理によれば, 「特別の利害関係」は認められず, 被保険者である取締役も議決に加わることができることになる。

(3) 利益相反取引規制の適用除外

役員等のために締結される保険契約の締結は, 会社の債務負担行為又は出捐によって取締役に直接利益が生ずる取引として, 会社法 356 条 1 項 3 号の利益相反取引に該当し得ると考えられる。

しかし, 役員等のために締結される保険契約の締結が間接取引に該当するとす

---

83) 竹林・一問一答 128 頁, 136 頁。
84) 竹林・一問一答 144 頁。
85) 竹林・一問一答 144 頁。
86) 落合誠一編『会社法コンメンタール 8——機関(2)』(商事法務, 2009) 158 頁 [田中亘]。
87) 竹林・一問一答 144 頁〜145 頁。

れば，取締役会設置会社における取締役会の承認（会社法356条1項，365条1項），取引後の取締役会への重要な事実の報告（会社法365条2項）等の規定が適用されるほか，当該取引によって株式会社に損害が生じた場合における当該取引に関与した取締役（又は執行役）の任務懈怠が推定されることになる（会社法423条3項）。そして，この任務懈怠の推定の規定を適用することとすると，取締役（又は執行役）の責任が容易に認められることとなり，役員等に対して適切なインセンティブを付与するという役員等のために締結される保険契約の意義に鑑みると，ここまで厳格な規制を適用することは相当でないと考えられる。

そこで，改正法は，役員等のために締結される保険契約であって，取締役（又は執行役）を被保険者とするものの締結については，利益相反取引規制を適用しないこととしている（改正法430条の3第2項）[88]。

(4) 民法108条の適用除外

上記(3)のとおり，役員等のために締結される保険契約には，役員等賠償責任保険契約を含め，利益相反取引規制は適用されない。しかし，そうすると，会社法356条1項の承認を受けた取引について民法108条の適用を除外する会社法356条2項の規定も適用されないように思われる。

しかし，株主総会ないし取締役会の決議によってその内容が定められた役員等賠償責任保険契約の締結については，会社法356条1項の承認を受けた取引と同様に扱うことが相当である[89]。そこで会社法は，民法108条の規定は，株主総会ないし取締役会の決議によってその内容が定められた役員等賠償責任保険契約の締結については適用しないものとしている。

(5) 事業報告への記載

役員等賠償責任保険契約は，役員等の職務の執行の適正性に影響を与えるおそ

---

88) 竹林・一問一答142頁～143頁。
89) 竹林・一問一答146頁～147頁。

①当該役員等賠償責任保険契約の被保険者の範囲（改正会社則121条の2第1号）
②当該役員等賠償責任保険契約の内容の概要（被保険者が実質的に保険料を負担している場合にあってはその負担割合，填補の対象とされる保険事故の概要及び当該役員等賠償責任保険契約によって被保険者である役員等（当該株式会社の役員等に限る）の職務の執行の適正性が損なわれないようにするための措置を講じている場合にあってはその内容を含む[90]）（同条2号）

れがあり，また，役員等賠償責任保険契約は実務上取締役の全員が被保険者となることが多いことを踏まえると，株主に対し，当該契約に関する情報を開示する必要性が高いと考えられる。また，会社が抱えているリスクを投資家が評価する際に保険契約の内容等がその指標として機能することから，会社が締結している当該保険契約の内容は，株主にとって重要である[91]。

　そこで改正会社法施行規則は，事業年度の末日において公開会社である会社において，役員等賠償責任保険契約に関する一定の事項を事業報告の内容に含めなければならないとしている（改正会社則121条の2）（**図表2-8**）。

(6)　株主総会参考書類への記載

　上記(5)で述べたとおり，役員等賠償責任保険契約は，株主に対し，当該契約に関する情報を開示する必要性が高いと考えられることから，改正会社法施行規則では，役員選任議案に係る株主総会参考書類において，候補者を被保険者とする役員等賠償責任保険契約を締結しているとき又は締結する予定があるときは，その役員等賠償責任保険契約の内容の概要を記載することを求めている（改正会社則74条1項6号，74条の3第1項8号，75条6号，76条1項8号，77条7号）。

---

90)　当該措置としては，例えば，当該役員等賠償責任保険契約において，免責額を設けることなどが考えられる（竹林・一問一答148頁）。
91)　竹林・一問一答148頁。

3. 経過措置

改正法の施行前に締結された役員等のために締結される保険契約については，改正会社法430条の3は適用されない（改正法附則7条）。

ただし，改正法施行後に保険契約を更新する場合や，内容を変更して保険契約を更改する場合等，実質的に保険契約の内容の決定や保険契約の締結をしていると解される場合には，改正会社法430条の3の規定が適用されると考えられる（後記 **4** 参照）。

また，改正会社法施行規則の事業報告に係る規定は施行日後に締結された役員等賠償責任保険契約について適用される（改正省令附則2条10項）。株主総会参考書類に係る規定も，同様に施行日後に締結される役員等賠償責任保険契約について適用されることとなる（改正省令附則2条6項）。ただし，株主総会参考書類においては，役員選任後に役員等賠償責任保険契約を締結する予定がある場合には，その予定の開示が求められることは留意する必要がある（更新の予定も含まれることは，後記 **4** 参照）。

4. 実務への影響

改正法においてD&O保険等の役員等賠償責任保険に関する契約を締結するための手続等が明確となったため，改正法の施行後は当該規定に基づいて当該契約を締結することになる。

D&O保険は既に実務で定着しているところ，改正法施行前に締結された契約については，経過措置により施行後も特段の手続は不要である。

もっとも，D&O保険の保険期間は通常1年間であるところ，毎年の更新の際に告知事項の申告が必要とされており，当然に自動更新がされるわけではないと考えられることや，仮に自動更新であるとしても，その更新に際して，従前どおりの内容のまま更新して良いかどうかの判断を要し，改正法は，そのような判断を取締役会で行うという趣旨であるとも解される[92]。このため，保険料が変更

92）神田＝竹林ほか・前掲注15）29頁〜30頁［竹林発言］。

になった場合や，当該保険契約において被保険者が役員等の氏名で特定されている場合において役員の改選により被保険者が変更となった場合など，契約内容が変更される場合は勿論のこと，契約内容に変更がない場合であっても，更新の都度，更新後の役員等賠償責任保険契約の内容について，改正法に基づく取締役会決議が必要であると考えられる。すなわち，改正法の下では，毎年の役員等賠償責任保険契約の更新の際に，取締役会の決議を要すると考えられること，また，それを前提に事業報告や株主総会参考書類における開示が求められることには，留意が必要である。

第3章

社外取締役の活用等

第1節　社外取締役への業務執行の委託

 改正のポイント

①いわゆるセーフ・ハーバー・ルールとして，社外取締役への業務執行の委託に関する規律を新設。

②社外取締役への業務執行の委託の要件・手続を明文化。

1．改正の経緯

(1)　社外取締役に期待される役割・機能

　社外取締役には，業務執行取締役から独立した立場で，取締役会における議決権の行使による重要事項の意思決定への関与とともに，業務執行全般の評価に基づき業務執行者の選定又は解職の決定等を通じた経営全般の監督機能，並びに会社と業務執行者等との間の利益相反の監督機能などが期待されている。

　また，コーポレートガバナンス・コード原則4―7では，独立社外取締役に期待される役割・責務として，(i)経営の方針や経営改善について，自らの知見に基づき，会社の持続的な成長を促し中長期的な企業価値の向上を図る，との観点からの助言を行うこと，(ii)経営陣幹部の選解任その他の取締役会の重要な意思決定を通じ，経営の監督を行うこと，(iii)会社と経営陣・支配株主等との間の利益相反を監督すること，(iv)経営陣・支配株主から独立した立場で，少数株主をはじめとするステークホルダーの意見を取締役会に適切に反映させること，が挙げられている。

⑵ 社外取締役の要件（「業務の執行」）の解釈

　他方で，会社法2条15号イは，社外取締役の要件の一つとして，「当該株式会社又はその子会社の業務執行取締役（株式会社の第363条第1項各号に掲げる取締役及び当該株式会社の業務を執行したその他の取締役をいう。以下同じ。）若しくは執行役又は支配人その他の使用人（以下「業務執行取締役等」という。）でな」いことを規定している。そのため，選任時に社外取締役の要件を満たす取締役であっても，任期中に「当該株式会社の業務を執行した」場合には，その時点で，社外取締役の要件を欠くこととなる。また，社外取締役が責任限定契約を締結していても，当該会社の業務執行取締役等に就任することをもって，当該契約は将来に向かってその効力を失うこととなる（会社法427条2項）。

　この「業務の執行」の意義については，伝統的に，会社事業に関する諸般の事務を処理することと広く解釈されてきたが，社外取締役の要件との関係で「業務を執行した」の意義を広くとらえすぎると，社外取締役の活動機会を過度に制約するおそれがあると指摘されていた（中間試案補足説明第2部第2の1⑴）。例えば，実務上，マネジメント・バイアウト[1]などの会社と業務執行者その他の利害関係者との構造的な利益相反の問題が当該会社の取締役会の独立性に影響を与え，取引条件の形成過程において企業価値の向上及び一般株主利益の確保の観点が適切に反映されないおそれがある場合において，取引の公正性を担保する措置の一環として，任意に特別委員会が設置されることがある。この特別委員会には，本来取締役会に期待される役割を補完し，又は代替する独立した主体として活動することが期待され，社外取締役が特別委員会の委員として，当該マネジメント・バイアウト等の検討をするにとどまらず，交渉等の対外的行為を伴う活動をする場合などがある。2019年6月28日に経済産業省が公表した「公正なM&Aの在り方に関する指針——企業価値の向上と株主利益の確保に向けて」においても，「特別委員会は，構造的な利益相反の問題による影響を排除する観点から，

1）　マネジメント・バイアウトとは，現在の経営者が全部又は一部の資金を出資し，事業の継続を前提として一般株主から対象会社の株式を取得することをいう。

社外者，すなわち社外取締役，社外監査役または社外有識者で構成されることが望ましい」，「社外取締役は，①株主総会において選任され，会社に対して法律上義務と責任を負い，株主からの責任追及の対象ともなり得ること，②取締役会の構成員として経営判断に直接関与することが本来的に予定された者であること，③対象会社の事業にも一定の知見を有していること等を踏まえると，特別委員会の役割に照らして，社外取締役が委員として最も適任であると考えられ，独立性を有する社外取締役がいる場合には，原則として，その中から委員を選任することが望ましい。また，社外取締役が委員長を務めることも，特別委員会の実効性を高めるため実務上の工夫の一つとして考えられる」とされている[2]。このように，マネジメント・バイアウトなどの利益相反が問題となる場面において，社外取締役が交渉等の対外的行為などをすることは会社法の趣旨にもかなうと考えられるにもかかわらず，社外取締役による当該行為をもって「業務を執行した」に該当するとすれば，社外取締役の要件を満たさなくなるという不合理な結果をもたらすこととなる。

　この点，「業務を執行した」の意義について，社外取締役の要件との関係においては，「業務を執行した」取締役は社外取締役の要件に該当しないこととする規律の趣旨が，監督者である社外取締役の被監督者である業務執行者からの独立性を確保することにあることを理由として，取締役が継続的に業務に関与するか，又は代表取締役等の業務執行機関に従属的な立場で業務に関与した場合のみ，「業務を執行した」こととなると解すれば十分であって，特定の事項について会社から委託を受けて，業務執行機関から独立した立場で一時的に業務に関与することは，「業務を執行した」こととはならないという見解も存在する[3]。かかる

---

2) 株式会社東京証券取引所が 2020 年 6 月 30 日に公表（同年 7 月 28 日訂正）した「『公正な M&A の在り方に関する指針』を踏まえた開示状況集計」によれば，2019 年 6 月 28 日から 2020 年 6 月 30 日までに公表されたマネジメント・バイアウト及び支配株主による従属会社の買収に関する開示事例 29 件のうち，特別委員会を社外役員のみで構成している旨を開示している事例は 12 件，社外役員及び社外有識者で構成している旨を開示している事例は 16 件，社外有識者のみで構成している旨を開示している事例は 1 件であった。
3) 田中亘「MBO における特別委員会」金判 1425 号（2013）14 頁。

見解によれば，マネジメント・バイアウト等の場面において社外取締役が交渉等の対外的行為を伴う活動を行ったとしても，改正前会社法の解釈として「業務を執行した」には該当しないと整理する余地はある。

しかし，法制審議会の会社法制（企業統治等関係）部会においては，マネジメント・バイアウト等の場面において社外取締役に期待される交渉等の対外的行為を伴う活動をすることが「業務を執行した」にあたらないという解釈が，「業務を執行した」の文言から導かれるかどうかなどについては疑問があり得るという指摘がされていた（中間試案補足説明第2部第2の1 (1)）。

(3) セーフ・ハーバー・ルールとしての規律の新設

そこで，改正法においては，会社と業務執行者その他の利害関係者との間の利益相反関係が認められる場面において，実務上，有用性が認められている社外取締役による交渉等の対外的行為を伴う活動が妨げられることを予防する方策の一つとして，社外取締役に期待される行為について，いわゆるセーフ・ハーバー・ルールとしての規律が新設されることとなった。

2. 改正の内容

改正会社法348条の2（業務の執行の社外取締役への委託）
　　株式会社（指名委員会等設置会社を除く。）が社外取締役を置いている場合において，当該株式会社と取締役との利益が相反する状況にあるとき，その他取締役が当該株式会社の業務を執行することにより株主の利益を損なうおそれがあるときは，当該株式会社は，その都度，取締役の決定（取締役会設置会社にあっては，取締役会の決議）によって，当該株式会社の業務を執行することを社外取締役に委託することができる。
2　指名委員会等設置会社と執行役との利益が相反する状況にあるとき，その他執行役が指名委員会等設置会社の業務を執行することにより株主の利益を損なうおそれがあるときは，当該指名委員会等設置会社は，その都度，取締役会の決議によって，当該指名委員会等設置会社の業務を執行することを社外取締役に委託することができる。
3　前二項の規定により委託された業務の執行は，第2条第15号イに規定する株式会社の業務の執行に該当しないものとする。ただし，社外取締役が業

> 務執行取締役（指名委員会等設置会社にあっては，執行役）の指揮命令により当該委託された業務を執行したときは，この限りでない。

(1) 改正会社法 348 条の 2 の意義（セーフ・ハーバー・ルール）

改正会社法 348 条の 2 は，「当該株式会社の業務を執行した」（会社法 2 条 15 号イ）かどうかについての一定の解釈に基づき，仮に，社外取締役がした行為が業務の執行にあたると評価され得る場合であっても，当該行為が改正会社法 348 条の 2 第 1 項又は 2 項に基づき委託を受けた行為であれば，「当該株式会社の業務を執行した」にあたらないことを明確化した（改正法 348 条の 2 第 3 項本文）。ただし，社外取締役が業務執行取締役の指揮命令により業務を執行したときは，業務執行者からの独立性が疑われる者は社外取締役となることができないこととする会社法 2 条 15 号イの趣旨に反するため，改正会社法 348 条の 2 第 3 項本文は適用されず（同項ただし書），社外取締役の要件を満たさないこととなる。

上記 **1**(3)のとおり，改正会社法 348 条の 2 は，社外取締役が萎縮することなく，その期待される役割・機能を円滑に実現することができるようにするためのセーフ・ハーバーとして機能することを意図したものであり，改正前の会社法の解釈上，「業務を執行した」に該当しないと考えられている社外取締役の行為について，新たに「業務を執行した」に該当することを意図するものではない[4]。また，改正会社法 348 条の 2 が「業務を執行すること」を社外取締役に委託することができるという表現となっているのは，解釈上業務の執行に該当する行為のみが当該規律の適用対象であり，解釈上業務の執行に該当しない行為をしたことは当該規律が適用されなくとも「当該株式会社の業務を執行した」ことにはならず，そもそも当該規律の適用対象ではないことを示すものである[5]。

さらに，改正会社法 348 条の 2 は，社外取締役に委託することが「できる」と規定されているとおり，同条 1 項及び 2 項の要件を満たす場合に社外取締役に対

---

4) 竹林・一問一答 152 頁。
5) 部会第 12 回会議資料 20・18 頁参照。

して業務執行の委託を義務付けるものではない。したがって，特定の業務執行取締役と会社との利益相反取引を行う場合に，改正会社法348条の2に基づき社外取締役に業務執行を委託するのではなく，利益相反関係を有しない他の業務執行取締役に業務を執行させるという対応を妨げるものではない。

(2) 社外取締役への業務執行の委託の要件・手続

① 委託の要件

(a) 指名委員会等設置会社以外の株式会社（改正法348条の2第1項）

改正会社法348条の2第1項に基づく社外取締役への業務執行の委託の要件は，「株式会社（指名委員会等設置会社を除く。）が社外取締役を置いている場合において，当該株式会社と取締役との利益が相反する状況にあるとき，その他取締役が当該株式会社の業務を執行することにより株主の利益[6]を損なうおそれがあるとき」と規定されている。

社外取締役による利益相反の監督機能が発揮されることが期待される場面は，取締役の利益相反取引（会社法356条1項2号及び3号）に該当する場合に限定されないと考えられることから，「株式会社と取締役との利益が相反する状況にあ

図表 3-1　社外取締役への業務執行の委託の案件・手続

	指名委員会等設置会社以外	指名委員会等設置会社
要件	会社と取締役との利益が相反する状況にあるとき，その他取締役が当該会社の業務を執行することにより株主の利益を損なうおそれがあるとき	会社と執行役との利益が相反する状況にあるとき，その他執行役が当該会社の業務を執行することにより株主の利益を損なうおそれがあるとき
手続	その都度，取締役の決定（取締役会設置会社にあっては，取締役会の決議）によって，当該会社の業務を執行することを社外取締役に委託	

----

6) 中間試案においては「その他取締役が株式会社の業務を執行することにより『株主の共同の利益』を損なうおそれがある場合」という表現であったものの，現金を対価とする少数株主の締出し（キャッシュ・アウト）の場合を念頭に置いたものとして適切なものであるかは再考すべきであると指摘されたことなどを踏まえ，最終的には「その他取締役が株式会社の業務を執行することにより『株主の利益』を損なうおそれがある場合」という表現に改められた（部会第16回会議資料25・15頁）。

る場合」には会社法356条1項2号及び3号には必ずしも該当しない場合も含むことが想定されている。会社は企業価値を向上させ，会社ひいては企業所有者たる株主の共同の利益を図る仕組みの営利企業であり，取締役は善管注意義務の一環として，株主間の公正な企業価値の移転を図らなければならない義務を負うと考えられる[7]。そして，当該義務が適正に果たされるように社外取締役による利益相反の監督機能が発揮されることが期待される場合には，改正会社法348条の2の規律の対象とすることが適切である。典型的には，会社が取引の当事者とはならないものの，取引の構造上取締役と株主との間に利益相反関係が認められると評価されるマネジメント・バイアウト[8]の場面は「株式会社と取締役との利益が相反する状況にある場合」に該当することとなる。さらに，株主間の公正な企業価値の移転が損なわれるべきでないという観点から，取締役自身が買収者又はこれと同視することができる者でない場合であっても，現金を対価とする少数株主の締出し（キャッシュ・アウト）や親子会社間の取引[9]といった少数株主と支配株主との間の利害が対立し得るときであって，経営者が支配株主の利益を優先し，少数株主の利益をないがしろにすることが懸念され得ることから，社外取締役が監督機能を発揮することが期待されるときは「取締役が株式会社の業務を執行することにより株主の共同の利益を損なうおそれがある場合」に含まれる[10]。

　(b)　指名委員会等設置会社（改正法348条の2第2項）

　指名委員会等設置会社においては，指名委員会等設置会社以外の株式会社と異なり，取締役ではなく執行役が業務を執行することとされているところ（会社法418条2号），執行役が会社の業務を執行することにより株主の利益を損なうおそ

---

7)　東京高判平25・4・17判時2190号96頁参照。
8)　マネジメント・バイアウトは，現在の経営者である取締役又は執行役が一般株主から被買収会社の株式を取得するという取引であるため，当該取締役又は執行役と一般株主との間に利益相反関係があるということができる。
9)　親子会社間の取引は，子会社の取締役又は執行役が支配株主である親会社の利益を図ることにより子会社の利益が害され，少数株主の利益を損なうおそれがあるということができる。
10)　部会第12回会議資料20・18頁参照。

れがある場合についても，セーフ・ハーバー・ルールを設ける趣旨は同様に妥当する。そこで，改正会社法348条の2第2項は，「指名委員会等設置会社と執行役との利益が相反する状況にあるとき，その他執行役が指名委員会等設置会社の業務を執行することにより株主の利益を損なうおそれがあるとき」についても，同条1項と同様の規律を設けている。

　また，指名委員会等設置会社の取締役は，会社法又は会社法に基づく命令に「別段の定め」がある場合を除き，指名委員会等設置会社の業務を執行することができないこととされているところ（会社法415条），改正会社法348条の2第2項はこの「別段の定め」としての意義も有する。ただし，改正会社法348条の2の趣旨に鑑み，指名委員会等設置会社においても，同条2項に基づき業務を執行できることとなる取締役は社外取締役に限定されている。

　なお，指名委員会等設置会社においては，原則として執行役が株式会社の業務を執行することとされているため（会社法418条2号），改正会社法348条の2第2項においては，「指名委員会等設置会社と執行役との利益が相反する状況にあるとき，その他執行役が指名委員会等設置会社の業務を執行することにより株主の利益を損なうおそれがあるとき」としており，取締役が会社の業務を執行することにより株主の利益を損なうおそれがある場合については，規律の対象に含めていない。

---

point　実務のポイント

　改正会社法348条の2に基づき業務の執行を社外取締役へ委託した場合，当該委託の事実は事業報告の法定記載事項とされていない。もっとも，当該社外取締役による業務執行が重要であり，会社法施行規則121条11号の「株式会社の会社役員に関する重要な事項」又は124条4号の「各社外役員の当該事業年度における主な活動状況」に該当する場合には，これらの規定により事業報告に当該業務執行に関する事項を記載することが求められるため，事業報告の作成にあたっては留意が必要である。

② 委託の手続（改正法348条の2第1項及び2項）

　改正会社法348条の2に基づき社外取締役へ業務執行の委託をするためには，その都度，取締役会の決議（取締役会非設置会社においては取締役の決定）により委託する必要がある（改正法348条の2第1項及び2項）。

　改正会社法348条の2の規律は，あくまで例外的に社外取締役が業務の執行をすることが会社法の趣旨にかなうと考えられる場面を想定して設けられたものである。また，社外取締役は，改正会社法348条の2に基づき委託を受けた業務について，業務執行取締役の指揮命令の下に執行することはできず（同条3項ただし書），独立の立場で，委託された業務を執行することとなるため，社外取締役が誰からも監督を受けずに継続的に業務を執行することがないようにする必要がある。そこで，個別の事案ごとに取締役会の決議を要求することにより，業務執行の社外取締役への委託について，取締役会の監督を及ぼすこととし，社外取締役への業務執行の委託をするためには，その都度，取締役会の決議によることを要するものと規定された（改正法348条の2第1項及び2項）。したがって，改正会社法348条の2第1項及び2項に基づく決議は具体的な事案ごとに行う必要があり，予め抽象的に業務を執行することを委託しておくことはできない。

　そのため，一定の範囲で重要な業務執行の決定を取締役又は執行役に委託することが認められている監査等委員会設置会社及び指名委員会等設置会社においても，改正会社法348条の2第1項及び2項に基づく委託の決定については，取締役会の決議によって取締役又は執行役に委任することができないこととされている（改正法399条の13第5項6号，改正法416条4項6号）。さらに，監査等委員会設置会社及び指名委員会等設置会社以外の取締役会設置会社においても，取締役会は，社外取締役への業務の執行の委託の決定を取締役に委任することができないことが前提とされている[11]。

---

11) 竹林・一問一答154頁。

> point **実務のポイント**
>
> 　改正会社法 348 条の 2 第 1 項又は 2 項に基づき社外取締役への業務執行の委託を決定する取締役会において，当該業務に関して利益相反関係を有する取締役が当該取締役会の議決に加わることができるかは解釈に委ねられるものの，会社と取締役（執行役）との「利益が相反する状況にあるとき」を前提とする以上，保守的に「特別の利害関係を有する取締役」（会社法 369 条 2 項）として議決に加わることができないという取扱いをしておくのが穏当であろう。
>
> 　他方で，委託を受ける社外取締役については，業務執行の委託を受けるという事実をもって，直ちに「特別の利害関係を有する取締役」に該当するものではないと考えられるため，その他に特段の事情がない限り，議決に加わることは可能であると考えられる。

3. 経過措置

　改正会社法 348 条の 2 の新設については，特段の経過措置は定められていない。したがって，改正法の施行日（令和 3 年 3 月 1 日）[12] 以後に本条に基づく委託をすることができることとなる。

4. 実務上の適用場面

　改正会社法 348 条の 2 の実務上の適用場面としては，会社と取締役（執行役）との利益相反取引のほか，典型的には，マネジメント・バイアウト，現金を対価とする少数株主の締出し（キャッシュ・アウト）及び親子会社間の取引などが挙げられる。それら以外に具体的に如何なる場面で，(ⅰ)会社と取締役（執行役）との利益が相反する状況にあるとき，その他取締役（執行役）が当該会社の業務を執行することにより株主の利益を損なうおそれがあるときに該当するのか，(ⅱ)社

---

12) 会社法の一部を改正する法律の施行期日を定める政令（令和 2 年政令第 325 号）。

外取締役の行為が会社法2条15号イに規定する会社の「業務の執行」に該当するのかについては，必ずしも条文上明らかではない。

　この点，「業務の執行」に関しては，経済産業省の下に設置された「コーポレート・ガバナンス・システムの在り方に関する研究会」が平成27年7月24日に公表した「コーポレート・ガバナンスの実践〜企業価値向上に向けたインセンティブと改革〜」の「別紙3　法的論点に関する解釈指針」において，以下の行為は，通常は業務執行者の指揮命令系統に属しては行われない行為であり，原則として「業務を執行した」にはあたらないとされている。

① 業務執行者から独立した内部通報の窓口となること
② 業務執行者から独立した立場で調査を行うために，企業不祥事の内部調査委員会の委員として調査に関わること
③ 内部統制システムを通じて行われる調査等に対して，業務執行者から独立した立場に基づき，指示や指摘をすること
④ マネジメント・バイアウトにおける以下のような行為
　・対象会社の取締役会の意見表明（賛同の是非，応募推奨の是非，アドバイザーの選任等）について検討を行うこと
　・マネジメント・バイアウトや買付者に関する情報収集を行うこと
　・買付者との間で交渉を行うこと
⑤ 第三者割当による株式の発行，支配株主との重要な取引等を行う場合等，上場規則に基づき必要となる場合において，業務執行者から独立した立場から意見を述べること
⑥ 任意に設置されたコンプライアンス委員会に出席し，自らの経験を基に役職員に対するレクチャーを行う等，社内におけるコンプライアンス向上の活動に関与すること
⑦ 経営会議その他，経営方針に関する協議を行う取締役会以外の会議体に社外取締役が出席し，意見すること
⑧ 社外取締役が，その人脈を生かして，自らM&Aその他の商取引の相手

方を発見し，紹介すること
⑨　株主や投資家との対話や面談を行うこと

　しかし，上記のうち，異なる解釈もあり得る類型の行為については，新設され
た改正会社法348条の2に基づく取締役会の決議を経ておくことも検討に値する。
また，本条がセーフ・ハーバー・ルールとされている趣旨からは，個別の事案に
おける「当該株式会社の業務の執行」の該当性判断において，ある行為について
保守的に改正会社法348条の2に定める手続をとったことがあることをもって，
当該行為の前又は後になされた同種の行為が「当該株式会社の業務の執行」に該
当することの根拠に用いられるべきではないと考えられる。
　他方で，これまで会社法2条15号イの「業務の執行」に明らかに該当しない
と解釈されていた類型の行為についてまでも，改正会社法348条の2の新設を契
機として，その都度，同条に基づく取締役会の決議を得ておくという過度に保守
的な対応をしてしまうと，会社における迅速な対応を阻害しかねず，かえって社
外取締役の積極的な活用につながらないおそれもあることから，具体的な適用場
面については，今後の実務の蓄積が待たれるところである。

第2節　社外取締役を置くことの義務付け等

 改正のポイント

> 監査役会設置会社（公開会社であり，かつ，大会社であるものに限る）で
> あって金融商品取引法24条1項の規定によりその発行する株式について
> 有価証券報告書を内閣総理大臣に提出しなければならないものにおいて，社
> 外取締役の設置を義務付ける規律を新設。

1. 改正の経緯

　社外取締役には，少数株主を含む全ての株主に共通する株主共同の利益を代弁
する立場にある者として，業務執行者から独立した客観的な立場から会社経営の
監督を行い，また，経営者あるいは支配株主と少数株主との間の利益相反の監督
を行うという役割を果たすことが期待されている。

　このような役割への期待のもと，平成26年会社法改正に際しては，事業年度
の末日において監査役会設置会社（公開会社であり，かつ，大会社であるものに限
る）であって金融商品取引法24条1項の規定によりその発行する株式について
有価証券報告書を内閣総理大臣に提出しなければならないもの（以下「上場会社
等」という）が社外取締役を置いていない場合には，取締役は，当該事業年度に
関する定時株主総会において，「社外取締役を置くことが相当でない理由」を説
明しなければならず（旧法327条の2），「社外取締役を置くことが相当でない理
由」を事業報告及び株主総会参考書類の内容とし，株主に開示する旨の規定が新
設された（旧会社則74条の2第1項，124条2項）。そして，当該改正に係る附則
においては，「政府は，この法律の施行後2年を経過した場合において，社外取
締役の選任状況その他の社会経済情勢の変化等を勘案し，企業統治に係る制度の
在り方について検討を加え，必要があると認めるときは，その結果に基づいて，
社外取締役を置くことの義務付け等所要の措置を講ずるものとする」（平成26年

図表 3-2

集計対象	社数	2名以上の独立社外取締役選任		3分の1以上の独立社外取締役選任	
		会社数	比率	会社数	比率
市場第一部	2172社	2070社	95.3%	1276社	58.7%
市場第二部	480社	357社	74.4%	170社	35.4%
マザーズ	326社	183社	56.1%	149社	45.7%
JASDAQ	699社	276社	39.5%	156社	22.3%
全上場会社	3677社	2886社	78.5%	1751社	47.6%
JPX日経400	396社	390社	98.5%	294社	74.2%

改正法附則25条）としていた。

　また，東京証券取引所が定める有価証券上場規程においても，上場内国株券の発行者は，一般株主保護のため，独立役員（一般株主と利益相反が生じるおそれのない社外取締役又は社外監査役をいう）を1名以上確保しなければならないとしている（東証上場規程436条の2）。さらに，コーポレートガバナンス・コードにおいても，「独立社外取締役は会社の持続的な成長と中長期的な企業価値の向上に寄与するように役割・責務を果たすべきであり，上場会社はそのような資質を十分に備えた独立社外取締役を少なくとも2名以上選任すべきである。また，業種・規模・事業特性・機関設計・会社をとりまく環境等を総合的に勘案して，少なくとも3分の1以上の独立社外取締役を選任することが必要と考える上場会社は，上記にかかわらず，十分な人数の独立社外取締役を選任すべきである」とし（原則4—8），上場会社における社外取締役の重要性は近年増していくばかりである。

　実際に，2020年9月調査時点において，全取締役の3分の1以上を独立社外取締役が占める上場会社の割合は，市場第一部で58.7％，JPX日経400では74.2％であり，2名以上の独立社外取締役を選任する上場会社の比率でみると，市場第一部で95.3％，JPX日経400では98.5％にまで上っている（**図表3-2**参照[13]）。

　そこで，上記のような上場会社における社外取締役の選任状況等を背景として，改正会社法においては，わが国の資本市場が信頼される環境を整備し，上場会社

等については，社外取締役による監督が保証されているというメッセージを内外に発信するため[14]，上場会社等に社外取締役の設置を義務付ける規律が新設されることとなった。

　なお，かかる規律の新設に伴い，上場会社等が社外取締役を置いていない場合に「社外取締役を置くことが相当でない理由」を説明しなければならない旨の規定は削除された。

2. 改正の内容

> **改正会社法 327 条の 2**（社外取締役の設置義務）
> 　監査役会設置会社（公開会社であり，かつ，大会社であるものに限る。）であって金融商品取引法第 24 条第 1 項の規定によりその発行する株式について有価証券報告書を内閣総理大臣に提出しなければならないものは，社外取締役を置かなければならない。

(1)　社外取締役の設置が義務付けられる株式会社

　改正会社法 327 条の 2 は，公開会社であり，かつ，大会社である監査役会設置会社のうち，その発行する株式について有価証券報告書の提出義務を負う株式会社について，社外取締役を置くことを義務付けている。

　規律の対象となる株式会社の類型は，改正前会社法 327 条の 2 において，社外取締役を置いていない場合に，「社外取締役を置くことが相当でない理由」を説明しなければならないとされていた株式会社と同じである。

　これは，監査役会設置会社の中にも，監査役会を任意で設置している会社や，株主数も少ない小規模な会社も存在し，これらも含めて一律に社外取締役の設置を義務付けることは相当でないこと，他方で，その発行する株式について有価証

---

13) 株式会社東京証券取引所「東証上場会社における独立社外取締役の選任状況及び指名委員会・報酬委員会の設置状況」（2020 年 9 月 7 日）（https://www.jpx.co.jp/news/1020/nlsgeu000004xll4-att/nlsgeu000004xlo7.pdf）より引用。
14) 竹林・一問一答 156 頁。

券報告書を提出しなければならない株式会社には，不特定多数の株主が存在するため，社外取締役による業務執行に対する監督の必要性が特に高く，また，そのような会社のうち，会社法上監査役会の設置が義務付けられている株式会社は，その会社の規模から，社外取締役の人材確保に伴い生ずるコストを負担できると考えられたためである[15]。対象となる会社は，上場会社であることが多いと思われるが，上場会社でなくとも要件を満たす場合には社外取締役の設置が義務付けられることに留意する必要がある。

　なお，監査等委員会設置会社及び指名委員会等設置会社については，2人以上の社外取締役を必ず置くこととされているため（会社法331条6項，400条1項・3項），改正会社法327条の2の規律の対象ではない。

(2)　違反の効果

　上場会社等が，改正会社法327条の2の規定に違反して，遅滞なく[16]，社外取締役を選任しなかったときには，取締役等は，100万円以下の過料に処せられることになる（改正法976条19号の2）。

　また，改正会社法327条の2の規定に違反して，遅滞なく，社外取締役の選任に関する議案を株主総会に提出せず，かつ，一時役員の選任の申立て（会社法346条2項）もしない場合には，取締役は，善管注意義務違反に問われるおそれもあると考えられている[17]。

　なお，改正会社法327条の2の規定に違反して，社外取締役を置かずに開催された取締役会の決議の効力については，下記**4**を参照されたい。

---

15)　竹林・一問一答158頁。
16)　改正会社法976条19号の2においては，「遅滞なく」との要件は定められていないが，部会第18回会議資料27・13頁において，社外取締役が欠けた場合であっても，遅滞なく社外取締役が選任されるときは，直ちに過料の制裁が課されることにはならないと解釈することができるとの考えが示されている。
17)　竹林・一問一答160頁。

⑶　**株主総会参考書類及び事業報告に関する記載内容の充実**

　社外取締役の活用に関する議論等を踏まえて，取締役の選任議案に関する株主総会参考書類の記載事項として「当該候補者が社外取締役（社外役員に限る。以下この項において同じ。）に選任された場合に果たすことが期待される役割の概要」が新設された（改正会社則74条4項3号及び74条の3第4項3号）。具体的にどのような内容を記載すべきかについては，今後の事例の集積が待たれるところではあるが，例えば，当該候補者が社外取締役に選任された後に，任意の委員会の委員に就任する予定がある場合には，その概要を記載することなどが考えられる[18]。

　また，事業報告の会社役員に関する事項の記載事項として「当該社外役員が社外取締役であるときは，当該社外役員が果たすことが期待される役割に関して行った職務の概要[19]」が新設された（改正会社則124条4号ホ）。

　なお，これらの改正は，株主総会参考書類の作成が必要とされる会社や公開会社全般に関係するものであり，社外取締役の設置が義務付けられる株式会社に限定されないことには留意されたい。

3．適用時期（経過措置）

> **改正会社法附則5条**（社外取締役の設置義務等に関する経過措置）
> 　この法律の施行の際現に監査役会設置会社（会社法第2条第5号に規定する公開会社であり，かつ，同条第6号に規定する大会社であるものに限る。）であって金融商品取引法（昭和23年法律第25号）第24条第1項の規定によりその発行する株式について有価証券報告書を内閣総理大臣に提出しなければならないものについては，新法第327条の2の規定は，この法律の施行

---

18) 改正会社法施行規則74条4項3号及び74条の3第4項3号では，株主総会参考書類において，株式会社が社外取締役候補者に対して，どのような視点からの取締役の職務の執行の監督を期待しているかなど，株式会社が当該社外取締役候補者にどのような役割を期待しているかをより具体的に記載することが求められていると考えられる（令和2年省令パブコメ結果11頁参照）。

19) 改正会社法施行規則124条4号ホでは，事業報告において，社外役員が期待される役割をどの程度果たしたかについて事後的に検証することを可能とするため，当該社外役員が果たすことが期待される役割との関連性を示した上で，当該社外役員が行った職務の概要をより具体的に記載することが求められていると考えられる（令和2年省令パブコメ結果47頁参照）。

後最初に終了する事業年度に関する定時株主総会の終結の時までは，適用しない。この場合において，旧法第327条の2に規定する場合における理由の開示については，なお従前の例による。

　改正会社法327条の2の新設により，現在，社外取締役を置いていない上場会社等は，新たに社外取締役を確保する必要があるが，社外取締役の人材確保には一定程度の時間的余裕が必要となる。また，そのような会社に対しても直ちに改正会社法327条の2を適用すると，臨時株主総会において，新たに社外取締役を選任するまでの間，同条に違反した状態が継続することになり，実務に混乱が生じるおそれがあると考えられる[20]。

　そこで，改正会社法327条の2については経過措置が設けられている。すなわち，改正法附則5条において，改正会社法327条の2は，改正会社法が施行された後の最初に終了する事業年度に関する定時株主総会の終結の時までは，適用しないものとされ，それまでは，改正前会社法327条の2に基づいて，「社外取締役を置くことが相当でない理由」を説明すればよいこととされた。また，これに伴って，改正会社法の施行日前にその末日が到来した事業年度のうち最終のものに係る株式会社の事業報告の記載又は記録及び施行日以後にその末日が到来する事業年度のうち最初のものに係る株式会社の事業報告における改正前会社法施行規則124条2項の理由（事業年度の末日において社外取締役を置いていない一定の会社における社外取締役を置くことが相当でない理由）の記載又は記録については，なお従前の例によるものとされた（改正省令附則2条11項）。

　したがって，現在，社外取締役を置いていない上場会社等は，直ちに臨時株主総会を開催して社外取締役を選任する必要まではなく，改正会社法の施行後最初に終了する事業年度に関する定時株主総会において，新たに社外取締役を選任すれば足りることとなった。

20）竹林・一問一答161頁。

4. 実務への影響等

(1) 社外取締役を欠く取締役会決議の効力

　会社法制（企業統治等関係）部会においては，上場会社等において，社外取締役が置かれないままに開催された取締役会決議の効力について議論がされた。

　この点について，立案担当者によれば，上場会社等において，事故等により社外取締役が欠けることとなった場合であっても，社外取締役を選任するための手続を遅滞なく進め，合理的な期間内に社外取締役が選任されたときは，その間にされた取締役会の決議を含め，取締役会の決議は無効とならないと考えられている。他方で，上場会社等において，改正会社法327条の2の趣旨に反して，社外取締役が「遅滞なく」選任されず，長期間にわたって社外取締役による監督がない状況でされた取締役会の決議は，無効となり得るとの解釈が示されている。

　また，「遅滞なく」社外取締役が選任されたか否かの判断は，当該上場会社等において，候補者の選定状況等に照らし，臨時株主総会を開催するためにどのくらいの期間を要するかなど，個別具体的な事情により異なると考えられるが，実務上，定時株主総会の6か月以上前に社外取締役に欠員が生じた場合には，臨時株主総会を開催して後任の取締役を選任すべきであり，定時株主総会前3か月以内に欠員が生じた場合には，欠員のまま定時株主総会にて処理すればよく，その中間の時期に欠員が生じた場合には，一時取締役を選任すべきとの見解があり，かかる取扱いは一定の参考になると思われる[21][22]。

　もっとも，株主の数等も個々の会社によって異なることからすれば，最終的には，その会社の規模や状況に応じて合理的な対応をすれば，問題はないと考えられよう[23]。

---

21) 竹林俊憲ほか「令和元年改正会社法の解説〔V〕」商事法務2226号（2020）8頁注13。
22) なお，理論上の整理については，白井正和「社外取締役の選任義務づけと業務執行の委託」商事法務2234号（2020）5頁〜6頁も参考になる。
23) 神田秀樹ほか「座談会　令和元年改正会社法の考え方」商事法務2230号（2020）31頁〔神田発言〕。

　上記のとおり，改正会社法327条の2の趣旨に反して，社外取締役が「遅滞なく」選任されず，長期間にわたって社外取締役による監督がない状況でされた取締役会の決議は，無効となり得るとの解釈が示されていることからすれば，実務上は，取締役会の決議の有効性に疑義が生じないように，予め手当をしておくことが肝要であろう。

　社外取締役の員数が欠けた場合には，補欠の役員の選任（会社法329条3項），権利義務取締役（会社法346条1項）又は一時役員の選任（同条2項）に関する規定の適用があるとされているが[24]，権利義務取締役は，社外取締役が任期満了又は辞任により退任した場合のみ適用され，死亡した場合には適用されない。また，一時役員の選任は，裁判所が「必要があると認めるとき」に限られており，社外取締役についてはどのような場面において「必要があると認めるとき」に該当するのかは必ずしも明確ではない。改正前会社法においては，取締役の一時役員の選任の場合には，取締役の員数が欠けているために，株主総会の招集決議をすることができないときなどが「必要があると認めるとき」に該当すると考えられているが[25]，上記のとおり，社外取締役を選任するための手続を遅滞なく進め，合理的な期間内に社外取締役が選任されたときは，その間にされた取締役会の決議を含め，取締役会の決議は無効とならないのだとすると，社外取締役の員数が欠けた場合でも，株主総会の招集決議をすることができなくなるわけではなく，必ずしも，常に「必要があると認めるとき」に該当するとはいえなそうである。さらに，社外取締役を1名しか置いていない会社においては，補欠の役員を選任しておくということも考えられるが，上記1のとおり，コーポレートガバナンス・コードにおいて，独立社外取締役を2名以上選任すべきとされているなど，実務上も2名以上の社外取締役の必要性が高まっている現状も踏まえると，正式に新たな社外取締役を複数名選任しておくということ

24）竹林・一問一答160頁注1。
25）大竹昭彦ほか編『新・類型別会社非訟』（判例タイムズ社，2020）48頁。

が合理的である場合も十分あり得よう。

⑵　社外取締役を選任しない株主総会決議の効力

　その他，理論上は，上場会社等において株主総会を通じて取締役を選任するにあたり，社外取締役を1人も選任せず，それによって社外取締役が欠けた場合に，当該取締役選任の決議全体の効力が無効とならないかも問題になり得るものの[26]，実務上，同様のケースはあまり想定されないであろう。

26）詳細については，白井・前掲注22）6頁〜7頁。

第4章

社債の管理

第1節　社債管理補助者

 改正のポイント

社債管理補助者制度が新設された。

1. 改正の背景

　会社法上，社債を発行する場合，原則として社債管理者の設置が義務付けられている。ただし，例外として，①発行する各社債の金額が1億円以上である場合，又は②ある種類の社債の総額を当該種類の社債の金額の最低額で除して得た数が50を下回る場合には社債管理者を不設置とすることが認められている（会社法702条，会社則169条）。

　もっとも，社債管理者の資格要件が厳格であることに加え，社債管理者の権限，義務及び責任が広範であることから，社債管理者となる者を確保することが難しい，あるいは社債管理者の設置に要するコストが高くなる等の理由から，実際には，例外要件を満たすことにより社債管理者を設置しないことが多かった。

　しかし，社債管理者を不設置とすると，発行会社による債務不履行の際などに十分な社債権者保護を図ることができない。実際に社債管理者を不設置として発行された債権について債務不履行が生じ，社債権者に損失や混乱が生じるという事例が生じたことから，社債管理者の設置が義務付けられない場合であっても，社債の管理に関する最低限の事務を第三者に委託することを認めることにより，一定の社債権者保護の仕組みを整えることのできる制度の整備が望まれていた。

そこで，社債管理者の設置が免除される場合であっても，社債権者のために発行会社が社債の管理の補助を第三者に委託することができるようにする制度として，社債管理補助者制度が新設されることとなった。

2. 改正の内容

(1) 社債管理補助者の設置

社債管理補助者を設置することができるのは，①会社法702条ただし書に規定する場合，すなわち社債管理者の設置が免除される場合であって，②社債が担保付社債ではない場合である（改正法714条の2）。したがって，会社法702条に基づき社債管理者の設置が義務付けられる場合には社債管理補助者を設置することはできない。社債が担保付社債ではないことが要件とされているのは，担保付社債については担保付社債信託法2条1項に基づき社債の管理を行う受託会社が設置され，社債管理者と同様の権限を有し，義務を負うこととされている（同法35条）ためである。

上記の要件を満たす場合であっても，社債管理補助者を設置するか否かは会社の任意であり，義務ではない。

(2) 社債管理補助者の資格

社債管理補助者となることができるのは，会社法703条各号に掲げる者，すなわち社債管理者となることができる者，及びその他法務省令で定める者である（改正法714条の3）。社債管理補助者は社債管理者に比べ裁量の余地の限定された権限のみを有するため，その資格要件は社債管理者の資格要件よりも緩和されている。

会社法703条各号に掲げる者とは，大要，銀行（1号），信託会社（2号），担保付社債信託法3条の免許を受けた者，株式会社商工組合中央金庫，農業協同組合又は農業協同組合連合会，信用協同組合又は協同組合連合会，信用金庫又は信用金庫連合会，労働金庫連合会，長期信用銀行，保険会社及び農林中央金庫（3号，

会社則 170 条）である。

「その他法務省令で定める者」としては，改正会社則 171 条の 2 により，弁護士（1 号）及び弁護士法人（2 号）が定められている。

弁護士及び弁護士法人については，利益相反の問題や，自然人である弁護士を社債管理補助者とする場合には，社債償還期間が長期にわたった場合，途中で当該弁護士の死亡等により社債管理補助者が不在となる可能性がある点について，弁護士会の会則等による適切な実務対応のルール作りが必要であるとされていた。これを受けて，日本弁護士連合会は，2020 年 2 月 21 日，「社債管理補助者に関する指針」を公表し，社債発行会社から案件を受任し，又は顧問契約等の継続的な法律事務の提供を行っている弁護士又は弁護士法人は，当該案件又は顧問契約等が終了しない限り，当該社債発行会社から社債管理補助者を受任することができないこと，自然人である弁護士が社債管理補助者を受任する場合（複数の弁護士が共同で受任する場合を除く）には，改正会社法 714 条の 7 において準用する会社法 714 条 1 項の適用に備え，事務を承継する社債管理補助者を委託契約に定めなければならないことなどを定めている。

(3) 社債管理補助者の義務

会社法 704 条は，社債管理者の義務として，社債権者のために公平かつ誠実に社債の管理を行わなければならないこと（誠実義務）及び善良な管理者の注意をもって社債の管理を行わなければならないこと（善管注意義務）を定めているが，改正会社法 714 条の 7 では社債管理補助者について同条が準用され，社債管理補助者についても，社債管理者と同様の誠実義務及び善管注意義務を負うこととされている。

もっとも，社債管理補助者は社債管理者と比べて裁量の余地の限定された権限のみを有しており，委託契約の定めにより最小の範囲をさらに限定することも可能であることから，社債管理者と比べて義務違反が問われる場合も，実際には限定的になるものと思われる[1]。

なお，社債管理者の場合と同様，善意無重過失の場合の善管注意義務違反の責

任を事前に免責することはできない[2]。

(4) 社債管理補助者の権限等

社債管理補助者の権限は，①社債管理補助者が必ず有する権限と，②委託契約に定める範囲内において社債管理補助者が有する権限に大別される。②についてはさらに③社債権者集会の決議によらなければならない行為とそうでない行為に分かれる（改正法714条の4）。

① 社債管理補助者が必ず有する権限

社債管理補助者が必ず有する権限は，以下の3つである（改正法714条の4第1項）。

(i)	破産手続参加，再生手続参加又は更生手続参加
(ii)	強制執行又は担保権の実行の手続における配当要求
(iii)	会社法499条1項の期間（会社の清算手続における債権者異議申出の期間）内に債権の申出をすること

したがって，社債管理補助者を設置する場合には，社債管理補助者には最低限これらの権限が与えられることになり，かかる権限を付与しないことはできない。なお，社債に係る債権の弁済を受ける権限は社債管理補助者が必ず有する権限とはされていない点に留意が必要である（後記②参照）。仮に社債に係る債権の弁済を受ける権限を社債管理補助者が必ず有する権限とした場合，社債発行会社が社債管理補助者に対して支払を行った時点で債権の弁済があったことになるが，社債権者に対して実際に支払が行われるまでは社債に係る債権の弁済は無いものとする方が社債権者にとって有利な場合があるため，社債管理補助者が必ず有する権限とするのではなく，社債発行会社の選択により，委託契約において定めることで社債管理補助者の権限とすることができるものとされている。

---

1) 竹林・一問一答172頁。
2) 中間試案補足説明第3部第1の1 (3) ウ。

② 委託契約に定める範囲内において社債管理補助者が有する権限

改正法において，委託契約に定める範囲内において社債管理補助者が有する権限としては，以下の4つが規定されている（改正法714条の4第2項）。

(i)	社債に係る債権の弁済を受けること
(ii)	会社法705条1項の行為（①社債管理補助者が必ず有する権限及び(i)を除く）
(iii)	会社法706条1項各号に掲げる行為
(iv)	社債発行会社が社債の総額について期限の利益を喪失することとなる行為

具体的には，(ii)は，社債権者のために社債に係る債権の弁済を受け，又は社債に係る債権の実現を保全するために必要な一切の裁判上又は裁判外の行為をする権限である。

また，(iii)は，当該社債の全部についてするその支払の猶予，その債務若しくはその債務の不履行によって生じた責任の免除又は和解（改正法706条1項1号）及び当該社債の全部についてする訴訟行為又は破産手続，再生手続，更生手続若しくは特別清算に関する手続に属する行為（同項2号）である。

(i)から(iii)は社債管理者の場合には法定権限とされているが，社債管理補助者については委託契約で定めることでその権限とすることができるものとされている。これに対し，(iv)は社債管理者の場合も約定権限とされている権限を社債管理補助者についても約定権限としたものである。

上記社債管理補助者の権限は，「委託契約で定める範囲内において」権限を有することとされているため，委託契約において，権限の行使の時期，条件又は方法等を定めること，ある権限について全く有しないものと定めることが認められている。また，これらは例示列挙であり，委託契約においてここで規定されているもの以外の権限について定めることは可能であると解される。もっとも，裁判所の許可を得て社債発行会社の業務及び財産の状況を調査する権限（会社法705条4項，706条4項），債権者異議手続において異議を述べる権限（同法740条2項本文），社債発行会社が社債権者に対してした弁済，社債権者との間でした和解その他の社債権者に対してし，又は社債権者との間でした行為が著しく不公正であるときに，訴えをもって当該行為の取消しを請求する権限（同法865条1項）

等の同法705条1項，706条1項以外の規定によって社債管理者に付与されている権限については，委託契約で定めることによっても社債管理補助者に付与することはできないとされている[3]。

　なお，委託契約において(i)の権限を定めた場合，社債管理者が弁済を受けた場合の規定が準用されるため（改正法714条の4第5項），社債権者は，社債管理補助者に対して社債の償還及び利息の支払を請求することができ（会社法705条2項），かかる請求権は，行使することができるときから10年間行使しないときは時効によって消滅する（同条3項）。

③　社債権者集会の決議によらなければならない行為

　以下の行為は，委託契約に定める範囲内において社債管理補助者の権限とすることができるが，社債権者集会の決議による必要がある（改正法714条の4第3項）。

(i)	②(ii)の行為のうち，以下のもの
	（あ）社債の全部についてするその支払の請求
	（い）社債の全部に係る債権に基づく強制執行，仮差押え又は仮処分[4]
	（う）社債の全部についてする訴訟行為又は破産手続，再生手続，更生手続若しくは特別清算に関する手続に属する行為（（あ）及び（い）を除く）
(ii)	②(iii)及び(iv)の行為

　これらのうち，(ii)の②(iii)で掲げる行為については，社債管理者においても社債権者集会の決議が必要とされている（会社法706条1項柱書）ことから，社債管理者よりも裁量の余地の限定された権限のみを有するものと位置付けられる社債管理補助者においても社債権者集会の決議を要することとしたものである。また，

3）竹林・一問一答170頁。
4）中間試案の検討段階では，迅速な対応が求められる仮差押え又は仮処分については，社債権者集会の決議を求めないこととすることも検討された。しかし，仮差押えや仮処分をいつ行うべきかという判断についてはその性質上社債管理補助者の広範な裁量となることから，社債権者集会の決議を要することとされた。なお，社債管理補助者が設置されている場合であっても，社債権者は，必ず社債権者集会を招集し，社債管理補助者を通じて仮差押え又は仮処分を行わなければならないわけではなく，自らが有する社債について自ら仮差押え又は仮処分を申し立てることは可能である（以上につき，中間試案補足説明第3部第1の1（4）ウ）。

図表 4-1　社債管理補助者と社債管理者の権限の比較

		社債管理補助者	社債管理者
①	破産手続参加，再生手続参加又は更生手続参加	◎	◎
②	強制執行又は担保権の実行の手続における配当要求	◎	◎
③	会社法 499 条 1 項の期間（会社の清算手続における債権者異議申出の期間）内に債権の申出をすること	◎	◎
④	社債に係る債権の弁済を受けること	○	◎
⑤	①から④以外の社債に係る債権の実現を保全するために必要な行為のうち		
	ア．社債の全部についてするその支払の請求	○ （社債権者集会の決議が必要）	◎
	イ．社債の全部に係る債権に基づく強制執行，仮差押え又は仮処分	○ （社債権者集会の決議が必要）	◎
	ウ．社債の全部についてする訴訟行為又は破産手続，再生手続，更生手続若しくは特別清算に属する手続に属する行為	○ （社債権者集会の決議が必要）	◎
	エ．ア～ウ以外	○	◎
⑥	社債の全部についてする支払の猶予，その債務若しくはその債務の不履行によって生じた責任の免除または和解	○ （社債権者集会の特別決議が必要）	◎ （社債権者集会の決議が必要）
⑦	社債に係る債権の弁済を受け，又は社債に係る債権の実現を保全するために必要な行為以外の社債の全部についてする訴訟行為又は破産手続，再生手続，更生手続若しくは特別清算に属する手続に属する行為	○ （社債権者集会の特別決議が必要）	◎ （社債権者集会の決議が必要）
⑧	社債発行会社が社債の総額について期限の利益を喪失することとなる行為	○ （社債権者集会の決議が必要）	○
⑨	債権者異議手続における催告について，各別の通知を受ける権限	◎ （催告に対して異議を述べることはできない）	◎ （委託契約で定めた場合には催告に対して異議を述べることができる）

◎：会社法上必ず有する権限
○：委任契約で定める範囲内で有する権限

(i)及び(ii)のうち②(iv)で掲げる行為については，社債管理者においては社債権者集会の決議は必要とされてはいないが，その性質上社債管理補助者に付与した場合裁量の余地が広くならざるを得ないことから，社債権者集会の決議を要することとされたものである。

　上記の行為について社債権者集会で決議をする場合，(i)及び(ii)の②(iv)で掲げる行為については普通決議（出席した議決権者数の議決権の総額の2分の1を超える議決権を有する者の同意），(ii)の②(iii)で掲げる行為については特別決議（議決権者の議決権の総額の5分の1以上で，かつ，出席した議決権者の議決権の総額の3分の2以上の議決権を有する者の同意）が必要である（改正法724条1項・2項2号）。

　以上に加えて，社債管理補助者は，債権者異議手続における催告について，各別の通知を受ける権限を有する（改正法740条3項。ただし異議を述べることはできない（会社法同条2項））ほか，委託契約に従い，社債の管理に関する事項を社債権者に報告し，又は社債権者がこれを知ることができるようにする措置をとらなければならない（改正法714条の4第4項）。ただし，どのような内容をどのような方法で報告するのが適切かについては，記名社債か無記名社債かによっても異なると考えられることから，報告義務の対象となる事項の範囲や報告の方法等は委託契約の定めに従うものとされ，法律上は具体的に定められてはいない。

(5)　特別代理人の選任

　社債権者と社債管理補助者との利益が相反する場合，社債権者のために裁判上又は裁判外の行為をする必要があるときは，裁判所は，社債権者集会の申立てにより特別代理人を選任しなければならない（改正法714条の7，会社法707条）。これは社債管理者の場合と同様である。

　社債管理者についての議論として，会社法707条の利益相反には典型的には社債管理者が同時に発行会社の取引銀行として貸付債権を有しているため社債管理者が社債権者のために適切な行為を懈怠するおそれがある場合には，利益が相反する場合に該当し，社債権者と社債管理者が対立当事者となる場合に限られないと解されており[5]，社債管理補助者の場合についても同様に解すべきと思われる。

⑹　社債管理補助者等の行為の方式

社債管理補助者又は特別代理人が社債権者のために裁判上又は裁判外の行為を
するときは個別の社債権者を表示することを要しない（改正法714条の7，会社法
708条）。これは社債管理者の場合と同様である。

民法上代理人が本人のためにすることを示さないでした意思表示は自己のため
にしたものとみなされるとされる（民法100条）が，社債権者は多数に及びかつ
常に変動する可能性があり，社債管理補助者が，社債権者を全て確知し，これら
を表示することは煩雑ないし困難であるため，個別の表示を不要としたものであ
る。

⑺　2以上の社債管理補助者がある場合の特則

2以上の社債管理補助者があるときは，社債管理補助者は，各自，その権限に
属する行為をしなければならない（改正法714条の5第1項）。

社債管理者については，2以上の社債管理者があるときはこれらの者が共同し
てその権限に属する行為をしなければならないとされている（会社法709条1項）
が，社債管理補助者については裁量の余地が限定された権限しか有しないことと
されていることから，むしろ円滑に職務を行わせるためには，各自が自らの権限
をそれぞれ行使することが望まれるためである。

⑻　社債管理補助者の責任

社債管理補助者は，会社法又は社債権者集会の決議に違反する行為をしたとき
は，社債権者に対し連帯して，これによって生じた責任を賠償する責任を負う
（改正法714条の7，会社法710条1項）。これは社債管理者の場合と同様である。

他方，社債管理者については，一定の利益相反行為の類型に限り誠実義務違反
及び因果関係の証明責任を転換（社債管理者が誠実義務違反又は因果関係の不存在
の証明責任を負う）されているが（会社法710条2項），かかる規定は社債管理補

---

5)　江頭憲治郎編『会社法コンメンタール16──社債』（商事法務，2010）151頁［田澤元章］。

助者には準用されていない。これは，社債管理補助者が社債管理者の設置義務を負わない場合にのみ設置されるものであることや，社債管理補助者は社債管理者よりも裁量の余地の限定された権限のみを有し，社債権者による社債権者集会の決議等を通じた社債の管理が円滑に行われるよう補助する者であることを考慮したものである。

　また，2以上の社債管理補助者がある場合において，社債管理補助者が社債権者に生じた損害を賠償する責任を負う場合，他の社債管理補助者も当該損害を賠償する責任を負うときは，これらの者は，連帯債務者とされる（改正法714条の5第2項）。上記の通り，社債管理補助者については，社債管理者の場合と異なり，2以上の社債管理補助者がある場合においても各自がその権限を行使することができるが，社債権者保護のため，損賠賠償責任については連帯債務とされたものである。

⑼　社債管理者等との関係

　社債管理補助者との委託契約は，社債管理者との間の委託契約又は担保付社債信託法2条1項に基づく受託会社との間の信託契約が効力を生じた場合，終了する（改正法714条の6）。

　これは，社債管理補助者を設置することができるのが，社債管理者及び担保付社債信託法に基づく受託会社の設置義務を負わない場合とされている（改正法714条の2）ためである。

⑽　社債管理補助者の辞任

　社債管理補助者は，社債発行会社及び社債権者集会の同意を得て辞任することができる（改正法714条の7，会社法711条1項前段）。これは社債管理者の場合と同様である。

　社債管理者の場合には，他に社債管理者がいない場合に限って，あらかじめ，事務を承継する社債管理者を定めなければならないとされており（会社法711条1項後段），社債管理者が辞任する場合であっても，他に社債管理者が定められて

いれば，新たに社債管理者を定める必要はない。これに対し，社債管理補助者の場合には，他に社債管理補助者がいる場合であっても，社債管理補助者が辞任する場合には，その事務を承継する社債管理補助者を定めなければならない（改正法714条の7による会社法711条1項後段の読替え）。これは，上記の通り，社債管理補助者については，2以上の社債管理補助者がいる場合であっても，各自がそれぞれの権限に属する行為を行うことが想定されているためと解される。

　また，社債管理補助者は，社債管理者と同様，委託契約に定めた事由があるとき（委託契約において事務を承継する社債管理補助者に関する規定を置いている場合に限る）及びやむを得ない事由がある場合で裁判所の許可を得たときは辞任することができる（改正法714条の7，会社法711条2項・3項）。

　なお，社債管理者は辞任をしたのちも会社法710条2項の規定が準用され，一定の利益相反の類型について責任を負う（会社法712条）のに対し，社債管理補助者についてはかかる規定が準用されていないため，辞任した後においては上記責任を負うことはない。

⑾　社債管理補助者の解任

　裁判所は，社債管理補助者がその義務に違反したとき，その事務処理に不適任であるときその他正当な理由があるときは，社債発行会社又は社債権者集会の申立てにより，当該社債管理補助者を解任することができる（改正法714条の7，会社法713条）。これは社債管理者の場合と同様である。

⑿　社債管理補助者の事務の承継

　社債管理補助者が次のいずれかに該当することとなった場合，社債発行会社は，事務を承継する社債管理補助者を定め，社債権者のために社債の管理の補助を行うことを委託しなければならない（改正法714条の7，会社法714条1項前段）。

(ⅰ)	社債管理補助者が資格要件を満たさなくなったとき
(ⅱ)	やむを得ない事由がある場合で裁判所の許可を得て辞任したとき
(ⅲ)	解任されたとき
(ⅳ)	死亡し，又は解散したとき

　社債管理者については，「他に社債管理者がないとき」に限定されているところ，社債管理補助者についてはこのような限定がない点は，社債発行会社及び社債権者集会の同意を得て辞任する場合と同様である（改正法714条の7，会社法711条1項）。

　上記により事務を承継する社債管理補助者を定め，社債権者のために，社債の管理の補助を行うことを委託する場合，社債発行会社は，社債権者集会の同意を得るため，遅滞なくこれを招集し，かつ，その同意を得ることができなかったときは，その同意に代わる裁判所の許可の申立てをしなければならない（改正法714条の7，会社法714条1項後段）。社債発行会社は，社債管理補助者が上記のいずれかに該当することとなった日から2か月以内に社債権者集会の招集をせず又は裁判所の許可の申立てをしなかったときは，当該社債の総額について期限の利益を喪失する（改正法714条の7，会社法714条2項）。

　その他，やむを得ない事由があるときは，利害関係人が，裁判所に対し，事務を承継する社債管理補助者の選任の申立てをすることができること，裁判所に対する選任の申立ての結果，社債管理補助者の選任があった場合には，遅滞なくその旨を公告し，かつ，知れている社債権者には，各別にこれを通知しなければならないことは，社債管理者の場合と同様である（改正法714条の7，会社法714条3項・4項）。

⑬　社債権者集会

　次に掲げる場合には，社債管理補助者は，社債権者集会を招集することができる（改正法717条3項）。

(i)	ある種類の社債の総額（償還済みの額を除く）の10分の1以上に当たる社債を有する社債権者から，社債発行会社又は社債管理補助者に対して，社債権者集会の目的である事項及び招集の理由を示して，社債権者集会の招集の請求があった場合
(ii)	社債管理補助者の辞任について社債権者集会の同意を得るため必要がある場合

　この点，社債管理者の場合は，必要がある場合にはいつでも社債権者集会を招集することができるが（会社法717条1項・2項），社債管理補助者については，社債管理者よりも裁量の余地の限定された権限のみを有し，社債権者による社債権者集会の決議等を通じた社債の管理が円滑に行われるよう補助する者と位置付けられていることに鑑み，上記の場合以外には社債権者集会を招集することはできない。すなわち，上記は社債管理補助者が社債権者集会を招集できる場合を限定列挙したものであると解され，たとえ委託契約で定めた場合であっても上記の場合以外に社債管理補助者が社債権者集会を招集することはできないと解される。そのため，社債管理補助者の権限のうち，委託契約に定める範囲内において社債管理補助者が有する権限で，社債権者集会の決議によらなければならないとされる行為についても，社債管理補助者が自ら社債権者集会を招集して，その決議を得ることはできない。

　社債権者集会の決議の執行は，社債管理補助者がある場合で，かつ，社債権者集会の決議が，社債管理補助者の権限に属する行為に関する事項を可決する旨の決議である場合には，原則としてその執行は社債管理補助者が行うが（改正法737条1項2号），他方，社債権者集会の決議によって別に社債権者集会の決議を執行する者を定めたときは，当該決議によって定められた決議を執行する者が執行する（同項ただし書）。

　社債管理補助者が招集した社債権者集会の決議があったときは，社債管理補助者は，当該決議があった日から1週間以内に，裁判所に対し，当該決議の認可の申立てをしなければならない（会社法732条）。

　その他，社債権者集会を招集する場合にはその招集者は社債管理補助者に対しても書面による招集通知を発しなければならないこと（改正法720条1項），社債管理補助者は，その代表者若しくは代理人を出席させ，又は書面により意見を述

べることができること（改正法729条1項），社債管理補助者は，社債発行会社に対してその営業時間中はいつでも議事録の閲覧又は謄写の請求をすることができること（改正法731条3項），社債管理補助者の報酬や費用等を裁判所の許可を得て社債発行会社の負担とすることができること（改正法741条）については社債管理者の場合と同様である。

⒁　募集事項

　社債の発行会社は，発行する社債について社債管理補助者を定めるときはその旨（改正法676条8号の2）及び社債管理者を定めない旨（同条7号の2）を募集事項において定めなければならない。

　社債管理補助者を定める旨のみではなく，社債管理者を定めない旨も募集事項において定めなければならないとされたのは，社債管理補助者制度の新設に伴い，社債管理者の設置義務を負わない場合は社債管理者及び社債管理補助者のいずれかを任意に定めることができるようになったところ，両者は混同されるおそれがあるため，社債管理補助者を設置する場合には社債管理者は置かれていないことも定める必要があると考えられたためである。もっとも，募集事項において社債管理者を定めない旨を規定していなければならないのは社債管理補助者を設置する場合に限定されていないため，社債管理者及び社債管理補助者のいずれも設置しない場合にも，募集事項において社債管理者を定めない旨を規定する必要があ

図表 4-2

	募集事項における定め	
	社債管理者について	社債管理補助者について
社債管理者を設置する場合	不要	不要
社債管理補助者を設置する場合	社債管理者を定めない旨を規定する必要あり（改正法676条7号の2）。	社債管理補助者を定める旨を規定する必要あり（改正法676条8号の2）。
社債管理者，社債管理補助者いずれも設置しない場合	社債管理者を定めない旨を規定する必要あり（改正法676条7号の2）。	不要

ると考えられる。

　以上を整理すると**図表 4-2** のとおりである。

　その他，委託契約で辞任することができる事由を定めた場合は当該事由について，委託契約で改正会社法 714 条の 4 第 2 項各号に掲げる行為をする権限の全部若しくは一部又は法に規定する社債管理補助者の権限以外の権限を定めた場合は当該権限の内容について，委託契約で社債権者に報告すべき社債の管理に関する事項及び社債権者がこれを知ることができるようにする措置の内容を定めた場合は当該事項及び措置の内容について，募集事項で定める必要がある（会社法 676 条 12 号，改正会社則 162 条 5 号から 7 号）。

　なお，これらの募集事項で定めるべき内容については，新株予約権付社債についても同様に当てはまる（会社法 238 条 1 項 6 号）。

⒂　社債管理者との比較

図表 4-3

	社債管理者	社債管理補助者
設置される場合	原則：設置が必要 例外：会社法 702 条ただし書の要件を満たす場合には設置不要（ただし，任意に設置することは可能[6]）	社債管理者の設置が免除される場合であって，社債が担保付社債ではない場合に，任意に設置することができる。
資格	銀行，信託会社等	社債管理者となることができる者＋弁護士，弁護士法人
義務	誠実義務，善管注意義務	同左
権限	社債権者のために社債に係る債権の弁済を受け，又は社債に係る債権の実現を保全するために必要な一切の裁判上又は裁判外の行為をする権限を有する。 ただし，一定の行為を行うにあたっては社債権者集会の決議が必要。	会社法上有する権限は以下①から④のとおり。ただし，委託契約で定めることで一定の権限を与えることが可能（ただし，一定の行為を行うにあたっては社債権者集会の決議が必要）。 ①破産手続，再生手続又は更生手続に参加する権限

---

6)　江頭編・前掲注 5) 131 頁［田澤］。

		②強制執行又は担保権の実行の手続における配当要求を行う権限 ③会社の清算手続における債権者異議申出の期間内に債権の申出をする権限 ④債権者異議手続における催告について，各別の通知を受ける権限（ただし，催告に対して異議を述べることはできない）
特別代理人	社債権者との間に利益相反がある場合には特別代理人を選任する必要あり。	同左
行為の方式	裁判上又は裁判外の行為を行うにあたって個別の社債権者を表示することは不要。	同左
複数設置されている場合	共同して権限に属する行為をしなければならない。	各自が権限に属する行為を行うことができる。
責任	会社法又は社債権者集会の決議に違反した場合，損害賠償義務を負う（一定の類型の利益相反行為について立証責任の転換あり）。 複数設置されている場合，連帯責任。	会社法又は社債権者集会の決議に違反した場合，損害賠償義務を負う（立証責任の転換無し）。 複数設置されている場合，連帯責任。
辞任	社債発行会社及び社債権者集会の同意を得て辞任することができる。ただし，他に社債管理者がいない場合は事務を承継する社債管理者を定める必要あり。	社債発行会社及び社債権者集会の同意を得て辞任することができる。ただし，他の社債管理補助者の有無にかかわらず事務を承継する社債管理補助者を定める必要あり。
解任	一定の事由がある場合，社債発行会社又は社債権者集会の申立てにより，解任することができる。	同左
社債権者集会の招集	必要がある場合はいつでも招集することができる。	一定の場合に限り招集することができる。
募集事項における定め	設置しない場合はその旨を規定する必要あり。	設置する場合はその旨を規定する必要あり。

3. 経過措置

改正法の施行前に募集事項の決定が行われている募集社債及び新株予約権については，改正会社法676条7号の2及び同条8号の2の規定にかかわらず，なお

従前の例によることとされている（改正法附則 8 条 1 項）。これは改正法の施行前に募集事項の決定があった場合は，改正前の規律を前提として社債又は新株予約権付社債を発行する一連の手続が開始されたということができ，この場合に改正法の規律を適用することとすると，既に開始した募集社債や新株予約権の申込みや割当てに関する手続きをやり直さざるを得なくなるなど無用の混乱やコストが生じるおそれがあるためである[7]。

　また，改正法の施行時に現に存在する社債のうち社債管理者を定めていないもの及び改正法の施行前に募集事項の決定が行われていることから上記の経過措置の規定（改正法附則 8 条 1 項）に基づき施行日以後に従前の例により社債管理者を定めないで発行される社債については，募集事項において改正会社法 676 条 7 号の 2 の社債管理者を定めない旨の規定があるものとみなされる（改正法附則 8 条 2 項）。

　他方，社債券の記載事項については，改正法の施行時に現に存在する社債の社債券についてはなお従前の例によることとされているものの（改正法附則 8 条 3 項），改正法の施行前に募集事項の決定が行われていることから上記の経過措置の規定（改正法附則 8 条 1 項）に基づき施行日以後に従前の例により発行される社債券についてはこのような経過措置が設けられていないため，この場合には，社債券を発行する場合，社債券に社債管理者を定めない旨を記載することが必要となると考えられる。

---

point 実務のポイント

　社債管理補助者の権限については一定の事項を除き柔軟に設計できるため，この点をどのように設計するのかが重要となる。例えば，社債管理補助者制度に先行して議論されていた社債権者補佐人制度に関してではあるが，日本証券業協会　社債市場の活性化に向けたインフラ整備に関するワーキング・グループが 2016 年 8 月 24 日に公表した「社債権者補佐人制度に係る社債要項及び業務委託契約について」において，社債権者補佐人に係る業務委託

---

7)　竹林・一問一答 182 頁。

契約の内容として，発行会社証明書（社債要項に定める期限の利益喪失事由の発生状況に係る証明書）の受領・確認及び社債権者の通知業務が提示されていたことなども参考となる。

　社債管理補助者の権限は，法定権限を除き，社債発行会社との委任契約において具体的に定められることになる。社債発行会社が，個々の社債発行の内容・性質に応じて，柔軟に社債管理補助者の権限を設計できることは望ましいことであるが，事業会社を含む社債発行会社自身が社債発行の都度かかる判断を行うのは必ずしも容易ではないように思われる。社債管理補助者制度の積極的な利用と適切な実務形成の観点からは，社債発行に係る実務関係者（証券会社，信託銀行，弁護士等）による積極的な議論と一定の枠組みの提示，そしてこれらに基づく適切な実務の蓄積が期待される。

第 2 節　社債権者集会

> **point　改正のポイント**
>
> ①社債権者集会の決議により元利金の減免を決議できることが明確化された。
> ②社債権者全員の同意により社債権者集会の決議の省略（いわゆる書面決議）ができるようになった。

1.　改正の背景

　社債の元利金の減免については，改正前会社法の下でも，会社法706条1項1号の「和解」として社債権者集会の特別決議により行うことができると解されていた。しかし，民法上和解の要件とされている互譲の要件を満たすことが難しい場合もあるとの指摘もあり，法的安定性の観点からは明文の規定を設けた方が良いことから，改正法により社債権者集会の決議事項として追加されることとなった。

　また，社債権者集会の決議の省略については，会社法上規定されている事項に関する社債権者集会の決議についてはたとえ全員の同意がある場合であっても省略することができないと解されていたところ，機動的な意思決定のために全員の同意がある場合の決議の省略を認めてほしいという実務上の要請があったため，社債権者全員が同意した場合には社債権者集会の決議を省略することが認められることとなった。

2.　改正の内容

⑴　元利金の減免

　社債権者集会の決議により，新たに「債務……の免除」，すなわち社債の全部について，その債務の全部又は一部を免除することを決議をすることができる

（改正法706条1項1号）こととされた。

「債務……の免除」についての社債権者集会の決議は特別決議とされている（改正法724条2項）。このことから，立法過程においては集団的な意思決定により反対する社債権者の社債についても元利金を減免することができるとすることは相当ではないとの意見もあったようであるが，社債権者集会の決議は裁判所の認可を受けなければその効力が生じないこととされており（会社法734条1項），裁判所は決議が著しく不公正であるときや，決議が社債権者の一般の利益に反するときは社債権者集会の決議を認可することができないとされている（会社法733条）ため，少数派の社債権者が不当に害されることは無いとされている[8]。

(2) 社債権者集会の決議の省略

社債発行会社，社債管理者，社債管理補助者又は社債権者が社債権者集会の目的である事項について提案をした場合において，当該提案につき議決権を行使できる社債権者（社債発行会社が自己の社債を有している場合には当該社債発行会社は当該社債について議決権を有しない（会社法723条2項））の全員が書面又は電磁的記録により同意の意思表示をしたときは，当該提案を可決する旨の社債権者集会の決議があったものとみなされる（改正法735条の2第1項）。この場合，会社法732条から735条（734条2項を除く）の規定は適用されず，決議についての裁判所認可は不要である（改正法735条の2第4項）。したがって，社債権者全員の同意により社債権者集会の決議を省略した場合，決議が成立したときから決議の効力が生じるものと解される。他方，734条2項については適用があるため，改正会社法735条の2第1項に基づき，議決権を有する社債権者全員の同意により社債権者集会の決議があったものとみなされる場合でも，社債権者集会の決議は当該社債を有する全ての社債権者に対して効力を有する。

---

8)　竹林・一問一答178頁。

3. 経過措置

　改正法の施行前に社債発行会社，社債管理者又は社債権者が社債権者集会の目的である事項について提案をした場合は，社債権者全員の同意により社債権者集会の決議を省略することはできない（改正法附則8条4項）。これは改正法の施行前に社債権者集会の目的である事項の提案があった場合において，議決権を有する社債権者全員の同意により社債権者集会の決議があったものとみなされるかどうかが不明確となることにより，社債権者等に不測の不利益や混乱が生ずることが無いようにするためであるとされている[9]。

 実務のポイント

　社債に係る債務の免除についての社債権者集会は一部の社債権者に不利益なものとならないようにすることも重要である一方で，社債発行会社の事業再生など時間のない場面で多く行われることが想定されることから，予測可能性の確保や裁判所の認可に係る時間の削減のため，実務の積み重ねなどによって一定の基準が形成されることが期待される。

---

9)　竹林・一問一答183頁〜184頁。

第5章

株式交付

第1節　株式交付制度の創設

1．株式交付の概要

　株式交付とは，「株式会社が他の株式会社をその子会社（法務省令で定めるも
のに限る。第774条の3第2項において同じ。）とするために当該他の株式会社
の株式を譲り受け，当該株式の譲渡人に対して当該株式の対価として当該株式会
社の株式を交付する」制度であり（改正法2条32号の2），改正法において創設さ
れた新たな組織再編制度である。

　すなわち，株式交付は，他の株式会社を買収しようとする株式会社（株式交付
親会社）が，当該他の株式会社（株式交付子会社）を買収する場合に，金銭ではな
く，当該株式交付親会社の株式を対価とすることができる制度である。

　株式交付は，株式交付親会社から見れば，株式交付子会社の発行済株式の過半
数（全てではない）を取得し，その対価として株式交付親会社の株式を割当交付

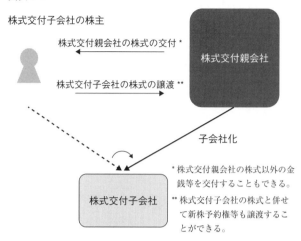

図表 5-1

株式交付子会社の株主

株式交付親会社の株式の交付 *

株式交付親会社

株式交付子会社の株式の譲渡 **

子会社化

株式交付子会社

* 株式交付親会社の株式以外の金銭等を交付することもできる。
** 株式交付子会社の株式と併せて新株予約権等も譲渡することができる。

する点で，いわば部分的な株式交換と捉えることができることから，基本的には，株式交換完全親会社が株式会社である場合の株式交換に関する規律と同様の規律が置かれている。

　他方，株式交付子会社の株主は，株式交付子会社の株式を株式交付親会社に譲渡する対価として株式交付親会社の株式を取得することから，その実質は，株式交付子会社の株式の有償譲渡あるいは現物出資と類似しているため，株式交付子会社株式の譲渡に関する手続として，募集株式の発行等における引受けの申込み，割当て及び現物出資財産の給付の手続に関する規律（会社法203条～206条，208条，211条）を参考とした規律が置かれている[1]。

2. 改正の経緯・背景

　改正前会社法においても，買収会社の株式を対価として被買収会社を買収する手段として，①株式対価の株式交換を利用する方法と，②買収会社が被買収会社の株式を現物出資財産として募集株式の発行を行う方法がある。

　しかし，①の株式交換は，「株式会社がその発行済株式の……全部を他の株式

---

1) 竹林・一問一答185頁～186頁。

会社又は合同会社に取得させる」（会社法2条31号）ものであり，買収会社が被買収会社の発行済株式の全てを取得する（すなわち，被買収会社を完全子会社化する）場合でなければ利用することができない。

　また，②の方法を実施しようとする場合には，現物出資を行うにあたり原則として検査役の調査が必要となり（会社法207条），その手続に一定の時間と費用を要する点や，現物出資財産の価額が募集事項に定められた価額に著しく不足する場合等には引受人である被買収会社の株主及び買収会社の取締役等が財産価額塡補責任を負う可能性がある点（会社法212条，213条）などが障害となり，実務上，買収会社の株式ではなく，金銭のみを対価とする場合がほとんどであると指摘されていた。

　そして，このような改正前会社法における規律に対しては，株式交付親会社が株式交付子会社を買収して子会社にしようとする場合のうち，完全子会社化しようとする場合とそうでない場合とで規律に大きな違いを設ける必要はなく，完全子会社化ではない子会社化を行う場合においても，株式交換の場合と同様の規律の適用があるものとして，株式交付親会社の株式を対価とする買収をより円滑に行うことができるような見直しをすべきであるという指摘がされていた。

　そこで，改正法においては，株式交付親会社が金銭ではなく自社の株式を対価として株式交付子会社を子会社化するための買収をより円滑に行うことができるようにするために，株式交付制度が創設された[2]。

3．株式交付が利用可能な場面

(1)　主体（株式交付親会社）・対象（株式交付子会社）について

　改正法は，株式交付を行う主体（株式交付親会社）を「株式会社」と規定し，株式交付の対象（株式交付子会社）を「他の株式会社」と規定している（改正法2条32号の2）。

----

2)　中間試案補足説明第3部第2の柱書，竹林・一問一答187頁。

① 持分会社

　改正法において，株式交付親会社及び株式交付子会社は「株式会社」であることが明記されていることから，持分会社が株式交付親会社又は株式交付子会社となる株式交付は行うことができない。

② 外国会社

　株式交換は，株式交換完全子会社が株式会社である場合でなければ利用することができず，株式交換完全子会社が外国会社である場合には株式交換を利用することができない。この点を考慮して，株式交付は，中間試案の段階では，「株式会社が他の株式会社（これと同種の外国会社を含む。）をその子会社とするために当該他の株式会社の株式を譲り受け，その譲渡人に対して当該株式会社の株式を交付することをいう」と定義され（中間試案第３部第２の１①），日本の株式会社と同種の外国会社が株式交付子会社である場合にも株式交付を利用することができることとされていた。

　しかし，外国会社が日本の株式会社と「同種」か否かは，当該外国会社の設立準拠法の内容に基づく評価によらざるを得ず，客観的かつ形式的な基準により株式交付の要件を満たしているかを判断することが容易ではないとの理由により，改正法においては，「（これと同種の外国会社を含む。）」は削除され，外国会社が株式交付子会社である場合には株式交付を利用できないこととされた[3]。

③ 清算株式会社

　改正法の下では，清算株式会社を株式交付親会社又は株式交付子会社とする株式交付はすることができないと解されている（改正法509条１項３号）[4]。

3）　竹林・一問一答194頁～195頁，部会第18回会議資料27・18頁。
4）　竹林・一問一答196頁。

⑵　「子会社とするため」について

　株式交付は，株式交付親会社が株式交付子会社を「子会社とするため」に行うことができる。この「子会社」については，条文上，「法務省令で定めるものに限る」とされているところ（改正法2条32号の2），この「法務省令で定めるもの」については，会社法2条3号に規定する会社が他の会社等の財務及び事業の方針の決定を支配している場合であって，他の会社等の議決権の総数に対する自己（子会社を含む）の計算において所有している議決権の数の割合が100分の50を超えている場合とされている（改正会社則4条の2，会社則3条3項1号）。

　つまり，株式交付親会社が株式交付子会社の議決権の過半数を既に有している場合や，株式交付親会社が株式交付子会社の総議決権の半数を超えない数の株式交付子会社株式しか取得しない場合（例えば，株式交付親会社が株式交付子会社の総議決権の5%から10%まで株式交付子会社株式を買い増す場合など）には，株式交付は利用できない。

　この点について，立案担当者は，このような場合についてまで，検査役の調査や財産価額塡補責任等の現物出資に関する規律を適用することなく，株式交付親会社の株式を交付することを認めることについては，資本の充実及び不当な株式の希釈化により他の株主の利益を害することの防止のために，検査役の調査等を必要としている現物出資に関する規律の趣旨との関係の観点から，慎重な検討が必要であると説明している[5]。

　なお，上記の会社法施行規則3条3項1号における「自己」に含まれる「子会社」は，議決権の過半数を有する子会社に限られず，実質基準によって判断される子会社も含まれるとされている[6]。

4．適用時期

　改正法は，改正法の公布の日から1年6か月を超えない範囲内において政令で

---

5)　竹林・一問一答192頁。
6)　部会第13回会議議事録9頁［邉関係官発言］。

定める日から施行することとされている（改正法附則1条本文）。株式交付につい
ても，同日から適用が開始されることとなる。

第2節　株式交付の手続

 改正のポイント

①基本的には，株式交換と同様の手続が規定されている。

②株式交付は株式交付親会社と株式交付子会社の間に親子会社関係を創設するための制度であり，それが実現しない場合には株式交付は効力を生じない点には留意が必要である。

1．手続の全体像

株式交付制度の手続の全体像は**図表 5−2** のとおりである。

図表 5−2

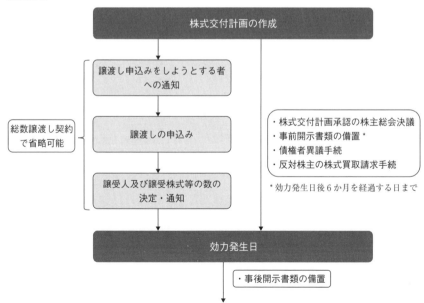

2. 株式交付計画の作成

　株式会社が株式交付を行う場合においては，株式交付計画を作成しなければならない（改正法774条の2）。

　株式交付計画の記載事項を株式交換契約の記載事項と比較して整理すると，以下のとおりである（改正法774条の3）。

図表5-3

	株式交付計画 （改正法774条の3第1項）	株式交換契約 （会社法768条1項）
1.	株式交付子会社の商号及び住所（1号）	株式交換完全子会社及び株式交換完全親株式会社の商号及び住所（1号）
2.	株式交付親会社が株式交付に際して譲り受ける株式交付子会社の株式の数（株式交付子会社が種類株式発行会社である場合にあっては，株式の種類及び種類ごとの数）の下限（2号）[7]	
3.	株式交付親会社が株式交付に際して株式交付子会社の株式の譲渡人に対して当該株式の対価として交付する株式交付親会社の株式の数（種類株式発行会社にあっては，株式の種類及び種類ごとの数）又はその数の算定方法並びに当該株式交付親会社の資本金及び準備金の額に関する事項（3号）	株式交換完全親株式会社が株式交換に際して株式交換完全子会社の株主に対してその株式に代わる金銭等を交付するときは，当該金銭等についての次に掲げる事項（2号） (1) 当該金銭等が株式交換完全親株式会社の株式であるときは，当該株式の数（種類株式発行会社にあっては，株式の種類及び種類ごとの数）又はその数の算定方法並びに当該株式交換完全親株式会社の資本金及び準備金の額に関する事項（同号イ）
4.	株式交付子会社の株式の譲渡人に対する前号の株式交付親会社の株式の割当てに関する事項（4号）[8]	※6. 参照

---

7)　かかる定めは，株式交付子会社が効力発生日において株式交付親会社の子会社となる数を内容とするものでなければならない（改正法774条の3第2項）。

8)　かかる定めは，株式交付子会社の株式の譲渡人（割当てを受けない種類の株式の譲渡人を除く）が株式交付親会社に譲り渡す株式交付子会社の株式の数（種類ごとの異なる取扱いについての定めがある場合にあっては，各種類の株式の数）に応じて株式交付親会社の株式を交付することを内容とするものでなければならない（改正法774条の3第4項）。この規律は，同条1項6号に掲げる事項についての定めにも準用される（同条5項）。

5.	株式交付親会社が株式交付に際して株式交付子会社の株式の譲渡人に対して当該株式の対価として金銭等（株式交付親会社の株式を除く。以下この号及び次号において同じ。）を交付するときは，当該金銭等についての次に掲げる事項（5号）	※3. 参照
	(1) 当該金銭等が株式交付親会社の社債（新株予約権付社債についてのものを除く。）であるときは，当該社債の種類及び種類ごとの各社債の金額の合計額又はその算定方法（同号イ）	(2) 当該金銭等が株式交換完全親株式会社の社債（新株予約権付社債についてのものを除く。）であるときは，当該社債の種類及び種類ごとの各社債の金額の合計額又はその算定方法（同号ロ）
	(2) 当該金銭等が株式交付親会社の新株予約権（新株予約権付社債に付されたものを除く。）であるときは，当該新株予約権の内容及び数又はその算定方法（同号ロ）	(3) 当該金銭等が株式交換完全親株式会社の新株予約権（新株予約権付社債に付されたものを除く。）であるときは，当該新株予約権の内容及び数又はその算定方法（同号ハ）
	(3) 当該金銭等が株式交付親会社の新株予約権付社債であるときは，当該新株予約権付社債についてのイに規定する事項及び当該新株予約権付社債に付された新株予約権についてのロに規定する事項（同号ハ）	(4) 当該金銭等が株式交換完全親株式会社の新株予約権付社債であるときは，当該新株予約権付社債についてのロに規定する事項及び当該新株予約権付社債に付された新株予約権についてのハに規定する事項（同号ニ）
	(4) 当該金銭等が株式交付親会社の社債及び新株予約権以外の財産であるときは，当該財産の内容及び数若しくは額又はこれらの算定方法（同号ニ）	(5) 当該金銭等が株式交換完全親株式会社の株式等以外の財産であるときは，当該財産の内容及び数若しくは額又はこれらの算定方法（同号ホ）
6.	前号に規定する場合には，株式交付子会社の株式の譲渡人に対する同号の金銭等の割当てに関する事項（6号）	前号に規定する場合には，株式交換完全子会社の株主（株式交換完全親株式会社を除く。）に対する同号の金銭等の割当てに関する事項（3号）
7.	株式交付親会社が株式交付に際して株式交付子会社の株式と併せて株式交付子会社の新株予約権（新株予約権付社債に付されたものを除く。）又は新株予約権付社債（以下「新株予約権等」と総称する。）を譲り受けるときは，当該新株予約権等の内容及び数又はその算定方法（7号）	※8. (1)及び(3)参照

8.	前号に規定する場合において，株式交付親会社が株式交付に際して株式交付子会社の新株予約権等の譲渡人に対して当該新株予約権等の対価として金銭等を交付するときは，当該金銭等についての次に掲げる事項（8号）	株式交換完全親株式会社が株式交換に際して株式交換完全子会社の新株予約権の新株予約権者に対して当該新株予約権に代わる当該株式交換完全親株式会社の新株予約権を交付するときは，当該新株予約権についての次に掲げる事項（4号）
	(1) 当該金銭等が株式交付親会社の株式であるときは，当該株式の数（種類株式発行会社にあっては，株式の種類及び種類ごとの数）又はその数の算定方法並びに当該株式交付親会社の資本金及び準備金の額に関する事項（同号イ）	
	(2) 当該金銭等が株式交付親会社の社債（新株予約権付社債についてのものを除く。）であるときは，当該社債の種類及び種類ごとの各社債の金額の合計額又はその算定方法（同号ロ）	
	(3) 当該金銭等が株式交付親会社の新株予約権（新株予約権付社債に付されたものを除く。）であるときは，当該新株予約権の内容及び数又はその算定方法（同号ハ）	(1) 当該株式交換完全親株式会社の新株予約権の交付を受ける株式交換完全子会社の新株予約権の新株予約権者の有する新株予約権の内容（同号イ）
		(2) 株式交換契約新株予約権の新株予約権者に対して交付する株式交換完全親株式会社の新株予約権の内容及び数又はその算定方法（同号ロ）
		(3) 株式交換契約新株予約権が新株予約権付社債に付された新株予約権であるときは，株式交換完全親株式会社が当該新株予約権付社債についての社債に係る債務を承継する旨並びにその承継に係る社債の種類及び種類ごとの各社債の金額の合計額又はその算定方法（同号ハ）
	(4) 当該金銭等が株式交付親会社の新株予約権付社債であるときは，当該新株予約権付社債についてのロに規定する事項及び当該新株予約権付社債に付された新株予約権についてのハに規定する事項（同号ニ）	

	(5) 当該金銭等が株式交付親会社の株式等以外の財産であるときは，当該財産の内容及び数若しくは額又はこれらの算定方法（同号ホ）	
9.	前号に規定する場合には，株式交付子会社の新株予約権等の譲渡人に対する同号の金銭等の割当てに関する事項（9号）	前号に規定する場合には，株式交換契約新株予約権の新株予約権者に対する同号の株式交換完全親株式会社の新株予約権の割当てに関する事項（5号）
10.	株式交付子会社の株式及び新株予約権等の譲渡しの申込みの期日（10号）	
11.	株式交付がその効力を生ずる日（11号）	株式交換がその効力を生ずる日（6号）

　なお，株式交付子会社が種類株式発行会社である場合には，株式交付親会社は，株式交付計画において，株式交付子会社の発行する種類の株式の内容に応じ，株式交付子会社の株式の譲渡人に対する株式交付親会社の株式の割当てに関する事項（改正法774条の3第1項4号）として，以下に定める事項を定めることができる（同条3項）。この規律は，株式交付親会社が株式交付に際して株式交付子会社の株式の譲渡人に対して当該株式の対価として金銭等（株式交付親会社の株式を除く）を交付する場合における株式交付子会社の株式の譲渡人に対する金銭等の割当てに関する事項（同条1項6号）にも準用される（同条5項）。

(i)	ある種類の株式の譲渡人に対して株式交付親会社の株式の割当てをしないこととするときは，その旨及び当該株式の種類（改正法774条の3第3項1号）
(ii)	株式交付親会社の株式の割当てについて株式の種類ごとに異なる取扱いを行うこととするときは，その旨及び当該異なる取扱いの内容（同項2号）

(1) 株式交付による譲受けの対象

① 株式交付子会社の株式

　株式交付は，株式交付親会社が株式交付子会社を子会社とするために株式交付子会社の株式を譲り受けるものであることから，株式交付親会社が株式交付子会社の株式を譲り受けないことは想定されていない（改正法774条の3第1項2号）。

　なお，株式交付計画において，株式交付親会社が譲り受ける株式交付子会社の

株式数の下限を定める必要があり（改正法774条の3第1項2号），この定めは，株式交付子会社が効力発生日において株式交付親会社の子会社となる数を内容とするものでなければならないとされており（同条2項），株式交付親会社は，少なくとも株式交付子会社を子会社化するために必要な数の株式交付子会社の株式を譲り受けなければならない。仮に株式交付親会社が譲り受ける株式交付子会社の株式の数が，株式交付子会社を子会社化するために必要な数に満たない場合には，株式交付は行われないこととされている（改正法774条の11第5項3号）。

② 株式交付子会社の新株予約権等

株式交付親会社は，株式交付子会社の株式と併せて譲り受ける場合には，株式交付子会社の新株予約権等も譲り受けることができることとされている（改正法774条の3第1項7号）。なお，株式交付子会社の新株予約権等のみを譲受けの対象とすることはできず，必ず株式交付子会社の株式と併せて譲り受けることとする必要がある。

株式交付を行い，株式交付子会社を株式交付親会社の子会社とした後になって，株式交付子会社の新株予約権者が新株予約権を行使し，株式交付子会社の株式を取得することで，株式交付親会社が有する株式交付子会社の総議決権の割合が過半数を下回ることとなるおそれがあるため，そのような事態を避けるために，株式交付親会社が株式交付子会社の新株予約権及び新株予約権付社債も併せて譲り受けることができることとされた。

また，株式交付には金商法上の公開買付け規制が適用される場合があり（後記第4節3(2)参照），同規制により，株式のみならず新株予約権についても同一の公開買付けで買い付けることが義務付けられる可能性があることから，株式交付親会社が株式交付子会社の新株予約権及び新株予約権付社債も併せて譲り受けることができることが合理的であることも，株式交付子会社の株式と併せて新株予約権等を譲り受けることができる理由とされている[9]。

---

9) 竹林・一問一答198頁。

(2) 株式交付の対価

① 株式交付親会社の株式

株式交換においては，株式交換完全親株式会社が株式交換に際して株式交換完全子会社の株主に対して何らの対価も交付しないことも，株式交換完全親株式会社の株式を交付せずに，それに代わる金銭等を交付することもできる（会社法768条1項2号柱書・同号ロ〜ホ）。

他方，株式交付では，株式交付親会社の株式を対価として株式交付子会社を買収するための制度であり，株式交付により株式交付親会社の株式を全く交付しないことは想定されていない[10]。

そのため，株式交付計画においては，株式交付により株式交付子会社の株式の譲渡人に対して当該株式の対価として交付する株式交付親会社の株式の数又はその数の算定方法を必ず定めなければならないものとされている（「金銭等を交付するときは」と定めている改正法774条の3第1項5号や8号とは異なり，改正法774条の3第1項3号では，「株式を交付するときは」とは定めず，必ず株式交付親会社の株式が交付される前提の建付けとなっている）。

また，効力発生日において株式交付親会社の株主となる者がない場合には，株式交付は行われないこととされている（改正法774条の11第5項4号）。

なお，株式交付親会社が株式交付子会社の新株予約権等も譲り受ける場合には，その新株予約権等の譲受けの対価として株式交付親会社の株式（改正法774条の

図表 5-4

	株式交付親会社の株式	その他の金銭等
株式交付子会社の株式に対する対価	必須 （ただし株式交付子会社が種類株式発行会社の場合に，一部の種類の株式について株式交付親会社の株式の割当てを行わないことは可能）	任意 （無対価も可能）
株式交付子会社の新株予約権等に対する対価	任意 （無対価も可能）	任意 （無対価も可能）

10) 中間試案補足説明第3部第2の2 (2)。

3第1項8号イ）を交付することも可能である（改正法774条の3第1項8号では「当該新株予約権等の対価として金銭等を交付するときは」と定められており，対価として株式交付親会社の株式を交付するか否かは任意とされている）。

② 株式交付親会社の株式以外の財産

株式交付親会社は，株式交付子会社の株式の対価として，株式交付親会社の株式に加えて，株式交付親会社の社債，新株予約権，新株予約権付社債その他の財産も交付することができる（改正法774条の3第1項5号）。

また，株式交付親会社が株式交付子会社の新株予約権等も譲り受ける場合には，その新株予約権等の譲受けの対価については，無対価とする，又は株式交付親会社の株式以外の財産を対価とすることができる（改正法774条の3第1項8号では「当該新株予約権等の対価として金銭等を交付するとき」と定められており，交付するか否かは任意とされている）。

---

point 実務のポイント──株式交付親会社が保有する親会社株式

株式交付の対価としての「金銭等」には，株式交付親会社の親会社の株式も含まれるため，株式交付親会社は，その適法に保有する親会社の株式を，譲り受ける株式交付子会社の株式又は新株予約権等の対価として交付することができるとされている。

もっとも，会社法上，子会社は，一定の場合を除き，その親会社の株式を取得してはならず（会社法135条1項），相当の時期にその有する親会社の株式を処分しなければならないとされているところ（同条3項），株式交付において株式交付親会社が対価として利用するためにその親会社の株式を取得することを許容する旨の改正は行われていない。これは，株式交付制度は，株式交付親会社がその株式を対価とすることで株式交付子会社を子会社とすることができるようにするために創設する制度であるところ，その親会社の株式を対価とする場合はその趣旨が妥当しないためとされている[11)12)]。

---

3. 株式交付子会社の株式の譲渡しの申込み等

(1) 株式交付子会社の株式及び新株予約権等の譲渡しの申込みをしようとする者への通知

株式交付親会社は，株式交付子会社の株式及び新株予約権等の譲渡しの申込みをしようとする者に対し，以下の事項を通知しなければならない（改正法774条の4第1項，774条の9，改正会社則179条の2）。

(i)	株式交付親会社の商号（改正法774条の4第1項1号）
(ii)	株式交付計画の内容（同項2号）
(iii)	交付対価について参考となるべき事項（改正会社則179条の2第1項1号）[13]
(iv)	株式交付親会社の計算書類等に関する事項（同項2号）[14]

ただし，以下のいずれかに該当する場合には，当該通知は不要となる（改正法774条の4第4項，774条の9，改正会社則179条の3）。

(i)	株式交付親会社が，上記記載事項を記載した金融商品取引法2条10項に規定する目論見書を，株式交付子会社の株式及び新株予約権等の譲渡しの申込みをしようとする者に対して交付している場合（改正法774条の4第4項）
(ii)	次に掲げる場合であって，株式交付親会社が株式交付子会社の株式及び新株予約権等の譲渡しの申込みをしようとする者に対して上記記載事項を提供している場合（改正会社則179条の3） ・当該株式交付親会社が金融商品取引法の規定に基づき目論見書に記載すべき事項を電磁的方法により提供している場合（同条1号） ・当該株式交付親会社が外国の法令に基づき目論見書その他これに相当する書面その他の資料を提供している場合（同条2号）

---

11) 竹林・一問一答199頁。

12) なお，他の法人等が行う株式交付（会社法以外の法令に基づく株式交付に相当する行為を含む）に際して親会社株式の割当てを受けることは，親会社株式取得禁止（会社法135条1項）の例外とされている（改正会社則23条4号）。

13) これらの事項の全部又は一部を通知しないことにつき，株式交付子会社の株式及び新株予約権等の譲渡しの申込みをしようとする者が同意した場合には，当該同意のあったものを除く（改正会社則179条の2第3項柱書括弧書）。なお，「交付対価について参考となるべき事項」の詳細は，改正会社法施行規則179条の2第3項に規定されている。

14) 「株式交付親会社の計算書類等に関する事項」の詳細は，改正会社法施行規則179条の2第4項に規定されている。

なお，上記通知に記載した事項について変更があった場合には，株式交付親会社は，直ちに，その旨及び当該変更があった事項を，株式交付子会社の株式及び新株予約権等の譲渡しの申込みを行った者（申込者）に対し通知しなければならない（改正法774条の4第5項，774条の9）。

(2)　株式交付子会社の株式又は新株予約権等の譲渡しの申込み

　株式交付子会社の株式等の譲渡しの申込みをする者は，株式交付計画に定められた譲渡しの申込みの期日までに，次に掲げる事項を記載した書面[15]を株式交付親会社に交付しなければならない（改正法774条の4第2項，774条の9）。

① 株式の譲渡しの申込みをする者の交付書面に記載する事項

(i)	申込みをする者の氏名又は名称及び住所（改正法774条の2第2項1号）
(ii)	譲り渡そうとする株式交付子会社の株式の数（株式交付子会社が種類株式発行会社である場合にあっては，株式の種類及び種類ごとの数）（同項2号）

② 新株予約権等の譲渡しの申込みをする者の交付書面に記載する事項

(i)	申込みをする者の氏名又は名称及び住所（改正法774条の9）
(ii)	譲り渡そうとする株式交付子会社の新株予約権等の内容及び数（同上）

　申込者が譲渡しの申込みをした株式交付子会社の株式の総数が，株式交付計画において定められた取得数の下限の数に満たない場合には，株式交付親会社の株式又は新株予約権等の譲受人及び譲り受ける株式又は新株予約権等の数の決定・通知に関する規定（改正法774条の5），並びに，株式交付子会社の株式又は新株予約権等の譲渡し等に関する規定（改正法774条の7。ただし，総数譲渡し契約に関する部分を除く）が適用されないこととなり（改正法774条の10前段），株式交付の効力は発生しないこととなる。この場合，株式交付親会社は，申込者に対し，遅滞なく，株式交付をしない旨を通知しなければならない（同条後段）。

---

15) かかる譲渡しの申込みをする者は，かかる書面の交付に代えて，政令で定めるところにより，株式交付親会社の承諾を得て，上記書面に記載すべき事項を電磁的方法により提供することができ，この場合において，当該申込みをした者は，かかる書面を交付したものとみなされる（改正法774条の4第3項）。

4. 株式交付親会社の株式等の譲受人及び譲り受ける株式等の数の決定・通知

株式交付親会社は，株式交付子会社の株式の譲渡しの申込みをした者（申込者）の中から当該株式交付親会社が株式交付子会社の株式を譲り受ける者を定め，かつ，その者に割り当てる当該株式交付親会社が譲り受ける株式交付子会社の株式の数（株式交付子会社が種類株式発行会社である場合にあっては，株式の種類ごとの数）を定めなければならない（改正法774条の5第1項前段）。

この場合において，株式交付親会社は，申込者に割り当てる当該株式の数の合計が株式交付計画に定められた取得数の下限を下回らない範囲内で，当該株式の数を，譲渡しの申込みのあった数よりも減少することができる（改正法774条の5第1項後段）。

また，株式交付親会社は，株式交付子会社の新株予約権等の譲渡しの申込みをした者（申込者）の中から当該株式交付親会社が株式交付子会社の新株予約権等を譲り受ける者を定め，かつ，その者に割り当てる当該株式交付親会社が譲り受ける株式交付子会社の新株予約権等の数を定めなければならない（改正法774条の5第1項前段，774条の9）。

この場合において，株式交付親会社は，当該新株予約権等の数を，譲渡しの申込みのあった数よりも減少することができる（改正法774条の5第1項後段，774条の9）。

なお，株式交付子会社の新株予約権等については，株式のように下限の制限はない。

そして，株式交付親会社は，効力発生日の前日までに，申込者に対し，当該申込者から当該株式交付親会社が譲り受ける株式交付子会社の株式又は新株予約権等の数を通知しなければならない（改正法774条の5第2項，774条の9）。

5. 総数譲渡し契約

株式交付子会社の株式を譲り渡そうとする者が，株式交付親会社が株式交付に際して譲り受ける株式交付子会社の株式の総数の譲渡しを行う契約を締結する場

合には，改正会社法774条の4及び774条の5の規定は適用されず（改正法774条の6），株式交付子会社の株式の譲渡しの申込みをしようとする者への通知，株式交付子会社の株式の譲渡しの申込み，株式交付親会社の株式の譲受人及び譲り受ける株式の数の決定・通知は不要となる。募集株式発行における総数引受契約（会社法205条1項）と同様の規律である。

　また，株式交付子会社の新株予約権等を譲り渡そうとする者が，株式交付親会社が株式交付に際して譲り受ける株式交付子会社の新株予約権等の総数の譲渡しを行う契約を締結する場合には，改正会社法774条の4及び774条の5の規定は適用されず（改正法774条の6，774条の9），株式交付子会社の新株予約権等の譲渡しの申込みをしようとする者への通知，株式交付子会社の新株予約権等の譲渡しの申込み，株式交付親会社の新株予約権等の譲受人及び譲り受ける新株予約権等の数の決定・通知は不要となる。

6. 株式交付の効力発生

(1) 株式交付子会社の株式又は新株予約権等の譲渡し等

　申込者又は総数譲渡し契約を締結した者は，それぞれ株式交付親会社から通知を受けた株式若しくは新株予約権等の数又は総数譲渡し契約において定められた株式若しくは新株予約権等の数について，株式交付子会社の株式又は新株予約権等の譲渡人となり（改正法774条の7第1項，774条の9），効力発生日において，かかる株式又は新株予約権等を株式交付親会社に給付する（同条2項，774条の9）。そして，株式交付親会社は，効力発生日に，当該給付を受けた株式交付子会社の株式及び新株予約権等を譲り受ける（改正法774条の11第1項）。

　他方，当該給付をした株式交付子会社の株式の譲渡人は，効力発生日に，株式交付親会社の株主となる（改正法774条の11第2項）。

　また，株式交付子会社の株式の譲渡人が，当該株式の対価として，株式交付親会社から社債，新株予約権又は新株予約権付社債の割当てを受ける場合には，上記給付をした株式の譲渡人は，効力発生日に，それぞれ社債権者，新株予約権者

又は新株予約権付社債についての社債権者及び新株予約権付社債に付された新株予約権の新株予約権者となる（改正法774条の11第3項）。

　さらに，株式交付子会社の新株予約権等の譲渡人が，当該対価として，株式交付親会社の株式，社債，新株予約権又は新株予約権付社債の割当てを受ける場合には，上記給付をした新株予約権等の譲渡人は，効力発生日に，株式交付親会社の株主，社債権者，新株予約権者又は新株予約権付社債についての社債権者及び新株予約権付社債に付された新株予約権の新株予約権者となる（改正法774条の11第4項）。

　なお，株式交付子会社の株式又は新株予約権等の譲渡しの効力が事後的に覆され，法律関係が混乱することを避けるため，募集株式発行の場合と同様，株式交付においても，心裡留保（民法93条1項ただし書）及び虚偽表示（同法94条1項）の規定は，株式交付子会社の株式又は新株予約権等の譲渡しの申込み，株式交付子会社の株式又は新株予約権等の数の割当て，総数譲渡し契約の意思表示については，適用されない（改正法774条の8第1項，774条の9）。

　また，株式交付子会社の株式又は新株予約権等の譲渡人は，株式交付親会社の株式の株主となった日から1年を経過した後又は当該株式について権利を行使した後は，錯誤，詐欺又は強迫を理由として株式交付子会社の株式又は新株予約権等の譲渡しの取消しをすることができない（改正法774条の8第2項，774条の9）。

---

point 　実務のポイント——「給付」について

　申込者又は総数譲渡し契約を締結した者は，それぞれ株式交付親会社から通知を受けた株式若しくは新株予約権等の数又は総数譲渡し契約において定められた株式若しくは新株予約権等の数について，効力発生日において，かかる株式又は新株予約権等を株式交付親会社に給付する（改正法774条の7第2項）。

　この「給付」は，現物出資との関係でも用いられている文言であるところ（会社法199条1項4号，208条2項参照），出資の目的となっている財産

ないし財産的利益（株式交付の場合は，株式交付子会社の株式や新株予約権等）の物権的移転行為であり，効力発生要件のみならず，権利の移転を第三者に対抗するために必要となる行為も含まれるとされている[16]。

　そのため，株式交付子会社が株券発行会社である場合には，株券の交付（会社法128条1項本文）を行うことが必要となるし，譲渡の対象となる株式交付子会社の株式が振替株式である場合には，振替手続（社振法140条）が必要となる。

　また，譲渡の対象となる株式交付子会社の株式が譲渡制限株式である場合には，株式交付子会社において譲渡承認手続（会社法136条〜145条）[17]を行うことが必要となる。

(2) 株式交付の効力が生じない場合

　次に掲げる場合には，株式交付子会社の株式又は新株予約権等の譲受け等は適用されず（改正法774条の11第5項），株式交付の効力は生じない。

(i)	債権者異議手続が必要な場合において，効力発生日において債権者異議手続が終了していない場合（同項1号）
(ii)	株式交付を中止した場合（同項2号）
(iii)	効力発生日において株式交付親会社が給付を受けた株式交付子会社の株式の総数が株式交付計画に定められた取得数の下限の数に満たない場合（同項3号）[18]
(iv)	効力発生日において株式交付親会社の株主となる者がない場合（同項4号）

　そして，これらの場合には，株式交付親会社は，株式交付子会社の株式又は新

---

[16] 法務省民事局参事官室編「一問一答改正会社法」（商事法務研究会，1990）88頁〜89頁，竹林・一問一答216頁。

[17] 株式交付子会社の株主は，株式交付子会社の株式を株式交付親会社に譲渡する対価として株式交付親会社の株式を取得することから，株式交付の実質は，株式交付子会社の株式の有償譲渡あるいは現物出資と類似している。したがって，株式交付により譲り受ける株式交付子会社の株式が譲渡制限株式である場合には，株式交付子会社において譲渡承認手続（会社法136条〜145条）を要する（中間試案補足説明第3部第2の柱書）。

[18] 申込者又は総数譲渡し契約を締結した者の全部又は一部が「給付」を行わなかった場合などが想定されている。

株予約権等の申込者・総数譲渡し契約を締結した者に対し，遅滞なく，株式交付をしない旨を通知しなければならず（改正法774条の11第6項前段），既に給付を受けた株式交付子会社の株式又は新株予約権等があるときは，遅滞なくそれらを譲渡人に返還しなければならない（同項後段）。

(3) 効力発生日の変更

　株式交付親会社は，単独で効力発生日を変更することができる（改正法816条の9第1項）。

　ただし，変更後の効力発生日は，株式交付計画において定めた当初の効力発生日から3か月以内の日でなければならない（同条2項）。

　また，株式交付親会社は，効力発生日の変更と同時に，株式交付子会社の株式及び新株予約権等の譲渡しの申込みの期日を変更することができる（同条5項）。

　株式交付親会社は，効力発生日を変更した場合には，変更前の効力発生日（変更後の効力発生日が変更前の効力発生日前の日である場合にあっては，当該変更後の効力発生日）の前日までに，変更後の効力発生日を公告しなければならない（同条3項）。株式交付子会社の株式及び新株予約権等の譲渡しの申込みの期日を変更した場合も同様である（同条6項）。

　なお，株式交付親会社は，効力発生日や株式交付子会社の株式及び新株予約権等の譲渡しの申込みの期日を変更した場合には，その旨及び変更後の効力発生日又は株式交付子会社の株式及び新株予約権等の譲渡しの申込みの期日を申込者に通知しなければならない（改正法774条の4第5項，774条の9）。

(4) 端数処理

　株式交付親会社が，株式交付に際して株式交付子会社の株式又は新株予約権等を譲り渡した者に株式交付親会社の株式を交付する場合に，その交付する株式交付親会社の株式の数に1に満たない端数があるときは，その端数の合計額（その合計数に1に満たない端数がある場合にあっては，これを切り捨てる）に相当する数の株式を売却し，かつ，その端数に応じてその売却により得られた代金を当該者

に交付するものとされている（改正法234条1項9号）。

7. 株式交付親会社の手続

(1) 事前開示手続

　株式交付親会社は，株式交付計画備置開始日から効力発生日後6か月を経過する日までの間，以下の事項を記載し，又は記録した書面又は電磁的記録をその本店に備え置き，その株主及び債権者による閲覧等に供しなければならない（改正法816条の2，改正会社則213条の2）。

(i)	株式交付計画の内容（改正法816条の2第1項）
(ii)	改正会社法774条の3第1項2号に掲げる事項についての定めが同条2項に定める要件を満たすと株式交付親会社が判断した理由（改正会社則213条の2第1号）
(iii)	改正会社法774条の3第1項3号から6号までに掲げる事項についての定めの相当性に関する事項（同条2号）
(iv)	改正会社法774条の3第1項7号に掲げる事項を定めたときは，同項8号及び9号に掲げる事項についての定めの相当性に関する事項（同条3号）
(v)	株式交付子会社についての次に掲げる事項を株式交付親会社が知っているときは，当該事項（同条4号） ・最終事業年度に係る計算書類等（最終事業年度がない場合にあっては，株式交付子会社の成立の日における貸借対照表）の内容（同号イ） ・最終事業年度の末日（最終事業年度がない場合にあっては，株式交付子会社の成立の日）後の日を臨時決算日（2以上の臨時決算日がある場合にあっては，最も遅いもの）とする臨時計算書類等があるときは，当該臨時計算書類等の内容（同号ロ） ・最終事業年度の末日（最終事業年度がない場合にあっては，株式交付子会社の成立の日）後に重要な財産の処分，重大な債務の負担その他の会社財産の状況に重要な影響を与える事象が生じたときは，その内容（株式交付計画備置開始日後株式交付の効力が生ずる日までの間に新たな最終事業年度が存することとなる場合にあっては，当該新たな最終事業年度の末日後に生じた事象の内容に限る）（同号ハ）
(vi)	株式交付親会社についての次に掲げる事項（同条5号） ・株式交付親会社において最終事業年度の末日（最終事業年度がない場合にあっては，株式交付親会社の成立の日）後に重要な財産の処分，重大な債務の負担その他の会社財産の状況に重要な影響を与える事象が生じたときは，その内容（株式交付計画備置開始日後株式交付の効力が生ずる日までの間に新たな最終事業年度が存することとなる場合にあっては，当該新たな最終事業年度の末日後に生じた事象の内容に限る）（同号イ） ・株式交付親会社において最終事業年度がないときは，株式交付親会社の成立の日に

	おける貸借対照表（同号ロ）
(vii)	改正会社法 816 条の 8 第 1 項の規定により株式交付について異議を述べることができる債権者があるときは，株式交付が効力を生ずる日以後における株式交付親会社の債務（当該債権者に対して負担する債務に限る）の履行の見込みに関する事項（同条 6 号）
(viii)	株式交付計画備置開始日後株式交付が効力を生ずる日までの間に，前各号に掲げる事項に変更が生じたときは，変更後の当該事項（同条 7 号）

　なお，「株式交付計画備置開始日」とは，次に掲げる日のいずれか早い日をいう（改正法 816 条の 2 第 2 項）。

(i)	株主総会の日の 2 週間前の日（書面決議の場合には取締役による提案があった日）
(ii)	反対株主の株式買取請求に係る通知又は公告のうちいずれか早い日
(iii)	債権者異議手続が必要な場合においては，債権者異議手続に係る公告又は個別催告のうちいずれか早い日

⑵　株主総会の決議による承認

①　原則

　株式交付親会社は，効力発生日の前日までに，株主総会の決議（特別決議）によって，株式交付計画の承認を受けなければならない（改正法 816 条の 3 第 1 項）。

　株式交付親会社が株式交付子会社の株式及び新株予約権等の譲渡人に対して交付する金銭等（株式交付親会社の株式等[19]を除く）の帳簿価額が株式交付親会社が譲り受ける株式交付子会社の株式及び新株予約権等の額として法務省令で定める額[20]を超える場合（いわゆる差損が生じる場合）には，取締役は，上記の株主総会において，その旨を説明しなければならない（改正法 816 条の 3 第 2 項）。

　なお，株式交付計画の承認に関する議案について，株主総会参考書類に記載すべき事項は以下のとおりとされている。

---

19)「株式等」とは，株式，社債及び新株予約権をいう（会社法 107 条 2 項 2 号ホ参照）。
20) 株式交付親会社が株式交付に際して譲り受ける株式交付子会社の株式，新株予約権及び新株予約権付社債につき会計帳簿に付すべき額と会社計算規則 11 条の規定により計上したのれんの額の合計額から，同 12 条の規定により計上する負債の額を控除した金額とされている（改正会社則 213 条の 4）。

(i)	当該株式交付を行う理由
(ii)	株式交付計画の内容の概要
(iii)	当該株式会社が株式交付親会社である場合において，会社法298条1項の決定をした日における改正会社法施行規則213条の2各号（6号及び7号を除く）に掲げる事項があるときは，当該事項の内容の概要

② 簡易手続（株主総会決議を要しない場合）

簡易手続による場合には，原則として，上記の株主総会決議は不要となる（改正法816条の4第1項）。具体的には，以下の(i)から(iii)までを合計した金額が(iv)の金額の5分の1（これを下回る割合を株式交付親会社の定款で定めた場合にはその割合）を超えない場合には，原則として，株主総会決議は不要となる。

(i)	株式交付子会社の株式及び新株予約権等の譲渡人に対して交付する株式交付親会社の株式の数に1株当たり純資産額を乗じて得た額
(ii)	株式交付子会社の株式及び新株予約権等の譲渡人に対して交付する株式交付親会社の社債，新株予約権又は新株予約権付社債の帳簿価額の合計額
(iii)	株式交付子会社の株式及び新株予約権等の譲渡人に対して交付する株式交付親会社の株式等以外の財産の帳簿価額の合計額
(iv)	株式交付親会社の純資産額として法務省令で定める方法により算定される額

なお，上記(iv)の純資産額は，算定基準日[21]における，以下のアからキまでに掲げる額の合計額からクに掲げる額を減じて得た額（当該額が500万円を下回る場合にあっては，500万円）とされている（改正会社則213条の5）。

ア　資本金の額

イ　資本準備金の額

ウ　利益準備金の額

エ　会社法446条に規定する剰余金の額

オ　最終事業年度（会社法461条2項2号に規定する場合にあっては，同441条1項2号の期間（当該期間が2以上ある場合にあっては，その末日が最も遅いも

---

[21] 株式交付計画の作成日（株式交付計画により作成日と異なる時（作成日後から効力発生時の直前までの間の時に限る）を定めた場合は，当該時）をいう。

の））の末日（最終事業年度がない場合にあっては，株式交付親会社の成立の日）
における評価・換算差額等に係る額

カ　株式引受権の帳簿価額

キ　新株予約権の帳簿価額

ク　自己株式及び自己新株予約権の帳簿価額の合計額

　ただし，(i)改正会社法816条の3第2項に規定する場合（いわゆる差損が生じ
る場合），又は，(ii)株式交付親会社が公開会社でない場合は，この限りではなく，
原則どおり株主総会の決議による承認を受ける必要がある（改正法816条の4第1
項柱書ただし書）。

　また，改正会社法施行規則213条の6で定める数の株式（株主総会において議
決権を行使することができるものに限る）を有する株主が，反対株主の株式買取請
求に係る通知又は公告の日から2週間以内に株式交付に反対する旨を株式交付親
会社に対し通知した場合には，株式交付親会社は，効力発生日の前日までに，株
主総会の決議によって，株式交付計画の承認を受けなければならない（改正法
816条の4第2項）。

③　種類株主総会

　種類株式発行会社である株式交付親会社が株式交付子会社の株式又は新株予約
権等の譲渡人に対して株式交付親会社の株式を交付する場合には，当該交付する
種類の株式（譲渡制限株式であり，会社法199条4項の定款の定めがないものに限る）
の種類株主を構成員とする種類株主総会（当該種類株主に係る株式の種類が2以上
ある場合にあっては，当該2以上の株式の種類別に区分された種類株主を構成員とする
各種類株主総会）の決議を行う必要がある（改正法816条の3第3項本文）。ただし，
当該種類株主総会において議決権を行使することができる株主が存しない場合は，
この限りでない（同項ただし書）。

　また，種類株式発行会社である株式交付親会社が株式交付を行う場合において，
ある種類の株式の種類株主に損害を及ぼすおそれがあるときは，当該種類の株式

の種類株主を構成員とする種類株主総会（当該種類株主に係る株式の種類が2以上ある場合にあっては，当該2以上の株式の種類別に区分された種類株主を構成員とする各種類株主総会）の決議を行う必要がある（改正法322条1項14号）。ただし，当該種類株主総会において議決権を行使することができる種類株主が存しない場合は，この限りでない（同項柱書ただし書）。

さらに，種類株式発行会社である株式交付親会社において，ある種類の株式の内容として，株式交付について，株主総会の決議のほか，当該種類の株式の種類株主を構成員とする種類株主総会の決議があることを必要とする旨の定めがあるときは，その定款の定めに従い，株主総会の決議のほか，当該種類の株式の種類株主を構成員とする種類株主総会の決議を行う必要がある（会社法323条本文）。ただし，当該種類株主総会において議決権を行使することができる種類株主が存しない場合は，この限りでない（同条ただし書）。

⑶　反対株主の株式買取請求手続

株式交付親会社は，反対株主の株式買取請求に関する手続として，効力発生日の20日前までに，その株主に対し，一定事項の通知（又は公告）を行うことが必要となる（改正法816条の6第3項・4項）。

当該手続の詳細は，第3節**2**のとおりである。

⑷　債権者異議手続

①趣旨・概要

株式交付を行うことにより，株式交付親会社において財産の流出が生じ得る場合に，それにより株式交付親会社の債権者が害されることを防ぐため，一定の場合には債権者異議手続を取らなければならないこととされた[22]。

具体的には，株式交付に際して株式交付子会社の株式及び新株予約権等の譲渡人に対して交付する金銭等（株式交付親会社の株式を除く）が株式交付親会社の株

22）竹林・一問一答208頁。

式に準ずるものとして改正会社法施行規則213条の7で定めるもののみである場合以外の場合には，株式交付親会社の債権者は，株式交付親会社に対し，株式交付について異議を述べることができる（改正法816条の8第1項）。

②債権者異議手続の内容・手続

　まず，株式交付親会社の債権者が異議を述べることができる場合には，株式交付親会社は，以下の事項を官報に公告し，かつ，知れている債権者には，各別にこれを催告しなければならない（改正法816条の8第2項）。なお，官報のほか，時事に関する事項を掲載する日刊新聞紙に掲載する方法又は電子公告（会社法939条1項2号・3号）により公告を行う場合には，知れている債権者に対する各別の催告は不要となる（改正法816条の8第3項）。

(i)	株式交付をする旨
(ii)	株式交付子会社の商号及び住所
(iii)	株式交付親会社及び株式交付子会社の計算書類に関する事項として改正会社法施行規則213条の8で定めるもの
(iv)	債権者が一定の期間内に異議を述べることができる旨

　上記の「一定の期間」は1か月を下ることができないとされているため（改正法816条の8第2項柱書ただし書），公告した日又は催告をした日から効力発生日まで，少なくとも1か月を超える期間を空ける必要がある。

　債権者が上記期間内に異議を述べなかったときは，当該債権者は，当該株式交付について承認をしたものとみなされる（改正法816条の8第4項）。

　他方，債権者が上記期間内に異議を述べたときは，当該株式交付をしても当該債権者を害するおそれがないときを除き，株式交付親会社は，当該債権者に対し，弁済し，若しくは相当の担保を提供し，又は当該債権者に弁済を受けさせることを目的として信託会社等に相当の財産を信託しなければならない（改正法816条の8第5項）。

⑸　事後開示手続

　株式交付親会社は，効力発生日後遅滞なく，以下の事項を記載し，又は記録した書面又は電磁的記録を作成しなければならず（改正法816条の10第1項，改正会社則213条の9），効力発生日から6か月間，かかる書面又は電磁的記録をその本店に備え置き，その株主及び債権者による閲覧等に供しなければならない（改正法816条の10第2項・3項）。

⒤	株式交付が効力を生じた日（改正会社則213条の9第1号）
⒤⒤	株式交付親会社における次に掲げる事項（同条2号） ・改正会社法816条の5の規定による請求に係る手続の経過（同号イ） ・改正会社法816条の6及び816条の8の規定による手続の経過（同号ロ）
⒤⒤⒤	株式交付に際して株式交付親会社が譲り受けた株式交付子会社の株式の数（株式交付子会社が種類株式発行会社であるときは，株式の種類及び種類ごとの数）（同条3号）
⒤v	株式交付に際して株式交付親会社が譲り受けた株式交付子会社の新株予約権の数（同条4号）
v	前号の新株予約権が新株予約権付社債に付されたものである場合には，当該新株予約権付社債についての各社債（株式交付親会社が株式交付に際して取得したものに限る）の金額の合計額（同条5号）
v⒤	前各号に掲げるもののほか，株式交付に関する重要な事項（同条6号）

8．株式交付子会社の手続

　会社法制（企業統治等関係）部会においては，株式交付により，株式交付子会社に親会社が新たに出現し，又はその親会社に変更が生ずることから，譲渡人以外の株式交付子会社の株主に対する情報提供のための手続に関する規律を設けることや，株式交付子会社において株主総会の決議を要するものとすることなどを検討してはどうかという指摘がされていた。

　しかし，株式交付の実質は株式の有償の譲渡又は現物出資であり，これらについては会社法上，株式の譲渡制限を除き，対価の相当性を担保するための手続や，譲渡人以外の株主の保護のための手続に関する規律は設けられていないこととの平仄等を踏まえ，中間試案の段階では「慎重に検討する必要がある」とされていたものの[23]，結局，改正法においては，株式交付子会社の手続は特段定められていない。

第3節　株式交付に対する救済手段

1. 株式交付をやめることの請求

　株式交付が法令又は定款に違反する場合において，株式交付親会社の株主が不利益を受けるおそれがあるときは，株式交付親会社の株主は，株式交付親会社に対し，株式交付をやめることを請求することができる（改正法816条の5本文）。

　ただし，簡易手続により株主総会決議が不要となる場合には，株主に及ぼす影響が軽微であるとして株主総会決議が不要とされていることに鑑み[24]，上記請求をすることができない（同条ただし書）。

2. 反対株主の株式買取請求

(1) 反対株主の範囲

　反対株主は，株式交付親会社に対し，自己の有する株式を公正な価格で買い取ることを請求することができる（改正法816条の6第1項本文）。ただし，簡易手続により株主総会決議が不要となる場合には上記請求をすることができない（同項ただし書）。

　ここでいう「反対株主」とは，以下に定める株主をいう（改正法816条の6第2項）。

図表 5-5

株式交付をするために株主総会（種類株主総会を含む）の決議を要する場合	
(i)	当該株主総会に先立って当該株式交付に反対する旨を当該株式交付親会社に対し通知し，かつ，当該株主総会において当該株式交付に反対した株主（当該株主総会において議決権を行使することができるものに限る）
(ii)	当該株主総会において議決権を行使することができない株主
株式交付をするために株主総会（種類株主総会を含む）の決議を要する場合以外の場合	
全ての株主	

23）中間試案補足説明第3部第2の6。
24）竹林・一問一答204頁。

(2) 買取請求の手続

まず，株式交付親会社は，効力発生日の20日前までに，その株主に対し，株式交付をする旨並びに株式交付子会社の商号及び住所を通知しなければならない（改正法816条の6第3項）。

この通知は，株式交付親会社が公開会社である場合又は株式交付親会社が改正会社法816条の3第1項の株主総会の決議によって株式交付計画の承認を受けた場合には，公告をもって代えることができる（改正法816条の6第4項）。

次に，反対株主は，効力発生日の20日前の日から効力発生日の前日までの間に，その株式買取請求に係る株式の数（種類株式発行会社にあっては，株式の種類及び種類ごとの数）を明らかにして，買取請求を行わなければならない（改正法816条の6第5項）。株券が発行されている株式について株式買取請求をしようとするときは，株券喪失登録の請求をした者を除き，株式交付親会社に対し，当該株式に係る株券を提出しなければならない（同条6項）。

(3) 株式の価格の決定等

株式買取請求があった場合においては，株式交付親会社は，当該請求を行った反対株主との間で，株式の価格等について協議を行うこととなる。そして，株主と株式交付親会社との間に協議が調ったときは，株式交付親会社は，効力発生日から60日以内にその支払をしなければならない（改正法816条の7第1項）。

他方，株式の価格の決定について，効力発生日から30日以内に協議が調わないときは，株主又は株式交付親会社は，その期間の満了の日後30日以内に，裁判所に対し，価格の決定の申立てをすることができる（改正法816条の7第2項）。

株式交付親会社は，裁判所の決定した価格に対する価格決定の申立てが可能な期間の満了の日後の法定利率による利息をも支払わなければならない（改正法816条の7第4項）。ただし，株式交付親会社は，株式の価格の決定があるまでは，株主に対し，当該株式交付親会社が公正な価格と認める額を支払うことができる（同条5項）。

株券発行会社は，株券が発行されている株式について株式買取請求があったと

きは，株券と引換えに，その株式買取請求に係る株式の代金を支払わなければならない（改正法816条の7第7項）。

(4) 買取請求の撤回

　株式買取請求をした株主は，株式交付親会社の承諾を得た場合に限り，その株式買取請求を撤回することができる（改正法816条の6第7項）。

　もっとも，株式の価格の決定について効力発生日から30日以内に協議が調わず，株主及び株式交付親会社がその期間の満了の日後30日以内に，裁判所に対し，価格の決定の申立てを行わなかった場合には，その期間満了後は，いつでも，株式買取請求を撤回することができる（改正法816条の7第3項）。

(5) 買取請求の効力発生

　株式買取請求に係る株式の買取りは，効力発生日に，その効力を生ずることとなる（改正法816条の7第6項）。

3. 株式交付の無効の訴え

　株式交付の効力が生じた日において株式交付親会社の株主等[25]であった者，株式交付に際して株式交付親会社に株式交付子会社の株式若しくは新株予約権等を譲り渡した者又は株式交付親会社の株主等，破産管財人若しくは株式交付について承認をしなかった債権者は，株式交付の効力が生じた日から6か月以内に，株式交付の無効の訴えを提起することができる（改正法828条1項13号・2項13号）。

　株式交付の無効事由については，他の会社組織に関する行為の無効の訴え（会社法828条）における無効事由と同様に，明示的な規定は設けられておらず，解釈に委ねられることとなる。なお，立案担当者の解説によれば，株式交付の無効

---

[25] 「株主等」とは，株主，取締役又は清算人（監査役設置会社にあっては株主，取締役，監査役又は清算人，指名委員会等設置会社にあっては株主，取締役，執行役又は清算人）をいう（会社法828条2項1号参照）。

事由の典型例として，以下のものが考えられるとされている[26]。

① 株式交付計画について法定の要件を欠くこと
② 株式交付計画を承認する株主総会の決議に瑕疵があること
③ 株式交付計画の内容等を記載した書面が備え置かれていないこと
④ 債権者異議手続をとらなければならないときに，これをとらなかったこと
⑤ 株式交付における株式交付子会社の株式の個別の譲受けが個別に解除され，株式交付親会社が譲り受けた株式交付子会社の株式の数の総数が，株式交付計画において定めた下限（改正法774条の3第1項2号）の数に満たないこととなったこと

　株式交付の無効の訴えの被告は，株式交付親会社とされている（改正法834条12号の2）。その他，株式交付の無効の訴えは，「会社の組織に関する訴え」（会社法834条柱書）に含まれ，当該訴えの管轄及び移送，担保提供命令，弁論等の必要的併合，原告が敗訴した場合の損害賠償責任に関する規律が適用されることとなる（会社法835条〜839条，846条）。

---

26) 竹林・一問一答218頁〜219頁，222頁。

第4節　他の法規制との関係

1．会社法上の有利発行規制

　株式交付の場合には，株式交付親会社において原則として株主総会の特別決議を要し，株式交付親会社の反対株主は，株式交付親会社に対し，株式買取請求権を行使することができるものとしているため，株式交付については，会社法199条3項及び同項の適用を前提とした有利発行規制は適用されないことが前提とされている[27]。

2．商業登記法上の規制

　株式交付を行った場合には，株式交付親会社において発行済株式の総数及び資本金の額等に変更が生じることが考えられ，その場合には変更登記を行う必要がある。そのため，かかる登記の申請に際しては，以下の書類を添付する必要があることとされた（改正商業登記法90条の2）。

① 　株式交付計画書
② 　株式の譲渡しの申込み又は改正会社法774条の6の契約（総数譲渡し契約）を証する書面
③ 　改正会社法816条の4第1項本文に規定する場合（簡易手続による場合）には，当該場合に該当することを証する書面（同条2項の規定により株式交付に反対する旨を通知した株主がある場合にあっては，同項の規定により株主総会の決議による承認を受けなければならない場合に該当しないことを証する書面を含む）
④ 　改正会社法816条の8第2項の規定による公告及び催告（同条3項の規定により公告を官報のほか時事に関する事項を掲載する日刊新聞紙又は電子公告に

27）中間試案補足説明第3部の第2の柱書。

よってした場合にあっては，これらの方法による公告）をしたこと並びに異議を述べた債権者があるときは，当該債権者に対し弁済し若しくは相当の担保を提供し若しくは当該債権者に弁済を受けさせることを目的として相当の財産を信託したこと又は当該株式交付をしても当該債権者を害するおそれがないことを証する書面

⑤　資本金の額が改正会社法445条5項の規定に従って計上されたことを証する書面

3. 金商法上の規制

(1)　発行開示規制

　金商法上，有価証券の募集または売出しを行うためには，原則として，発行者が有価証券届出書を提出する必要がある（金商法4条1項）。そして，株式交付においては，株式交付子会社の株式を譲り受けることの対価として株式交付親会社の株式を必ず交付することが前提とされていることから，「有価証券の募集」に該当し，有価証券届出書を提出することを要する場合がある。また，同様に，目論見書を作成することを要する場合がある（同法13条1項本文）[28]。

(2)　公開買付け規制

　金商法上，株券等の「買付け等」を行う場合には，公開買付けが強制される場合がある（金商法27条の2）。そして，「買付け等」は，株券等の買付けその他の有償の譲受けをいい，これに類するものとして政令で定めるものを含むものとされている（金商法27条の2第1項柱書，金商法施行令6条3項，他社株買付府令2条の2）ところ，「有償」とは，必ずしも金銭を対価とするものに限定されず，有価証券を対価とするものも該当すると解されている[29]。

---

[28]　中間試案補足説明第3部第2の柱書でも「株式交付による株式交付親会社の株式の交付は，別途，金融商品取引法上の発行開示規制の適用対象となることがあることを前提としている。」とされている。

株式交付においては，株式交付親会社がその株式等を対価として株式交付子会社の株式を取得することから，「買付け等」に該当し，公開買付けが強制される場合がある。

4. 社振法上の規制

株式交付の対価として株式交付親会社が交付する株式が振替株式である場合に関し，改正社振法において，以下のような手当てがなされている。

(i)	対価として交付する株式交付親会社の株式が振替株式である場合に，改正会社法774条の4第1項（同法774条の9において準用する場合も含む）の通知において，当該振替株式について改正社振法の適用がある旨を示す義務（改正社振法160条の2第1項），対価として交付する株式交付親会社の新株予約権の目的である株式が振替株式である場合に，改正会社法774条の4第1項（同法774条の9において準用する場合も含む）の通知において，当該振替株式について改正社振法の適用がある旨を示す義務（改正社振法160条の2第3項）
(ii)	株式交付子会社の株主が改正会社法774条の4第2項（同法774条の9において準用する場合も含む）の書面交付に際し，自己のために開設された振替口座を当該書面に記載する義務（総数譲渡し契約を締結する場合には，締結の際に当該振替口座を当該振替株式の発行者に提示する義務）（改正社振法160条の2第2項）
(iii)	株式交付親会社が振替株式の移転をする場合における振替申請義務（改正社振法160条の2第4項）
(iv)	株式買取請求に関する買取口座の開設義務（改正社振法155条1項）及び買取口座の公告義務（同条2項）
(v)	株式買取請求に関する公告義務（改正社振法161条2項）

なお，株式交付の対価が振替社債，振替新株予約権又は振替新株予約権付社債である場合についても，各種規定が新設されている（改正社振法86条の3，189条の2，223条の2等）。

---

29) 池田唯一＝大来志郎＝町田行人編著「新しい公開買付制度と大量保有報告制度」（商事法務，2007）50頁。

第 6 章

その他

第 1 節 責任追及等の訴えに係る訴訟における和解

 改正のポイント

責任追及等の訴えに係る訴訟における和解をする場合に，各監査役，各監査等委員又は各監査委員の同意を得る必要があることが明確になった。

1. 改正の経緯

　会社法は，監査役設置会社，監査等委員会設置会社または指名委員会等設置会社（以下「監査役設置会社等」という）が，取締役（監査等委員及び監査委員を除く），執行役及び清算人並びにこれらの者であった者（以下「取締役等」という）を補助するため，責任追及等の訴えに係る訴訟に参加するためには，監査役設置会社，監査等委員会設置会社または指名委員会等設置会社の区分に応じて，それぞれ各監査役，各監査等委員又は各監査委員の同意を得なければならないこととしている（会社法 849 条 3 項）。

　しかし，当該訴訟が進行し，裁判所から和解が勧試された段階において，監査役設置会社等が補助参加人又は利害関係人として和解をする際に，いかなる手続が必要となるかについては，改正前会社法に明文の規定がなかった。

　この点，当該和解に関して，当該監査役設置会社等を誰が代表するかについては，監査役，監査等委員又は監査委員は一度当該訴訟を提起しないことが相当である旨の判断をしているため，取締役等と監査役設置会社等との利益相反の程度は，当該監査役設置会社等自身が原告となって取締役等に対して責任追及等の訴えを提起し，原告として和解をする場合ほどには類型的に強くないとして，通常

の業務執行と同様に代表取締役，代表執行役又は代表清算人が監査役設置会社等を代表するとしつつ，当該和解をするには監査役等の同意が必要であるとする見解が有力であった[1]。

　また，当該監査役設置会社等自身が原告となって取締役等に対して責任追及等の訴えを提起し，原告として和解をする場合においても，当該和解に関して監査役設置会社等を代表する者については，当該訴訟において監査役設置会社等を代表する監査役，監査等委員または監査委員であると解釈されているが（会社法386条1項1号，399条の7第1項，408条1項，491条），他の監査役，監査等委員または監査委員の同意または承認なくして，単独で当該和解をすることができるかについては，必ずしも明確ではなかった[2]。

　このように，監査役設置会社等が取締役等を補助するために責任追及等の訴えに係る訴訟に参加している場合及び監査役設置会社等が当該訴訟を提起している場合のいずれの場合においても，監査役設置会社等が，取締役等に対する責任追及等の訴えにおいて和解をする際の具体的な手続は，解釈に委ねられていたところが多く，必ずしも明確ではなかったが，改正法においては，当該和解に関する規律を明確にするため明文の規定が新設されることとなった。

2. 改正の内容

> **改正会社法849条の2**（和解）
> 　株式会社等が，当該株式会社等の取締役（監査等委員及び監査委員を除く。），執行役及び清算人並びにこれらの者であった者の責任を追及する訴えに係る訴訟における和解をするには，次の各号に掲げる株式会社の区分に応じ，当該各号に定める者の同意を得なければならない。
> 　一　監査役設置会社　　監査役（監査役が二人以上ある場合にあっては，各監査役）
> 　二　監査等委員会設置会社　　各監査等委員
> 　三　指名委員会等設置会社　　各監査委員

---

1)　竹林・一問一答 226 頁。
2)　竹林・一問一答 226 頁。

改正会社法849条の2は，監査役設置会社等が取締役等に対する責任追及等の訴えにおいて和解をする場合に，原告として和解をするのか，補助参加人又は利害関係人として和解をするのかにかかわらず，各監査役，各監査等委員又は各監査委員の同意を得なければならないこととしている。

会社法制（企業統治等関係）部会では，監査役会設置会社については監査役会の同意を，監査等委員会設置会社については監査等委員会の同意を，指名委員会等設置会社については監査委員会の同意を，それぞれ得ることで足りると考えるべきである旨の指摘もされていたが，上記**1**のとおり，監査役設置会社等が，取締役等を補助するため，責任追及等の訴えに係る訴訟に参加するためには，各監査役，各監査等委員又は各監査委員の同意を得なければならないとされていること（会社法849条3項）や，監査役設置会社等が取締役（監査等委員又は監査委員であるものを除く）及び執行役の責任の一部免除に関する議案を株主総会に提出する場合に，各監査役，各監査等委員又は各監査委員の同意を得なければならないとされていること（会社法425条3項，426条2項）との平仄から，監査役設置会社等が取締役等の責任を追及する訴えにおける和解をする場合にも，これらと同様に，各監査役，各監査等委員又は各監査委員の同意を得なければならないものとすることが相当であるとされたものである[3]。

3. 経過措置（適用時期）

改正会社法849条の2の新設については，特段の経過措置は定められていない。したがって，改正法の施行日（公布の日から起算して1年6月を超えない範囲内で政令で定める日。改正法附則1条）以後に本条が適用されることとなる。

その結果，監査役設置会社等は，改正法の施行日時点で既に係属している責任追及等の訴えに係る訴訟においても，改正法の施行日以降に和解をする場合には，各監査役，各監査等委員又は各監査委員の同意を得る必要があると考えられる。また，改正会社法849条の2が，解釈の明確化の観点から新設されたことを踏ま

---

3) 中間試案補足説明第3部第3の1（1）。

えると，監査役設置会社等は，改正法の施行前に和解をする場合であっても，各監査役，各監査等委員又は各監査委員の同意を得ておくことが望ましい[4]。

4．実務への影響等

(1)　和解をする際の監査役設置会社等の代表者について

　改正法では規定されなかったが，会社法制（企業統治等関係）部会では，監査役設置会社等が取締役等の責任を追及する訴えに係る訴訟における和解をする場合には，誰が当該会社を代表すると考えるべきかについても議論された。

　この点，監査役設置会社等が取締役等に対して責任追及等の訴えを提起し，原告として和解をする場合には，訴訟追行において当該会社を代表するのは監査役，監査等委員会が選定する監査等委員又は監査委員会が選定した監査委員であるため（会社法386条1項1号，399条の7第1項，408条1項，491条），当該会社を代表して和解をするのも，これらの者と解される。

　他方で，監査役設置会社等が利害関係人又は補助参加人として当該和解をする場合には，上記1のとおり，監査役，監査等委員又は監査委員は一度当該訴訟を提起しないことが相当である旨の判断をしているため，取締役等と監査役設置会社等との利益相反の程度は，監査役設置会社等が取締役等に対して責任追及等の訴えを提起し，原告として和解をする場合ほどには類型的に強くないとして，通常の業務執行と同様に代表取締役，代表執行役又は代表清算人が監査役設置会社等を代表すると考えられる。

　もっとも，これらについては，上記のとおり，改正前会社法においても，監査役設置会社等が原告として和解をする場合については会社法386条1項1号，399条の7第1項，408条1項，491条の規定により監査役，監査等委員会が選定する監査等委員又は監査委員会が選定した監査委員が監査役設置会社等を代表するものと一般に解釈されていることや，原則として，代表取締役等は，株式会

---

4)　内田修平＝遠英基「その他の改正が実務に与える影響」商事法務2237号（2020）35頁。

社の業務に関する一切の裁判上又は裁判外の行為をする権限を有することとされていること（会社法 349 条 4 項，420 条 3 項，483 条 6 項）を踏まえると，改正会社法 849 条の 2 のとおり，和解において，各監査役，各監査等委員又は各監査委員の同意を必要とする規定を新たに設ければ，それ以上に上記の考え方に関して明文の規定を設ける必要はないと考えられ，明文化には至らなかった[5]。ただし，解釈としては十分に参考になるものと考えられる。

(2) 利益相反取引該当性について

　改正法では規定されなかったが，会社法制（企業統治等関係）部会では，監査役設置会社等が利害関係人又は補助参加人として和解をする場合，和解が直接取引（会社法 356 条 1 項 2 号，365 条 1 項）に該当するものとして，利益相反取引規制を適用すべきかについても議論された。

　この点について，会社法制（企業統治等関係）部会では，各監査役の同意などを要求した上で，さらに利益相反取引規制を及ぼす必要性は大きくないのではないかとの指摘がされたが[6]，これについては引き続き解釈に委ねられることとされた[7]。

　改正会社法 849 条の 2 において既に，各監査役，各監査等委員又は各監査委員の同意が必要とされ，また，株主代表訴訟における和解に際しては，裁判所の関与の下で行われる以上，利益相反取引規制は適用されないという見解も一定の合理性を有するように思われるが，形式的には，監査役設置会社等と取締役等との間での和解契約の締結に該当する以上，利益相反取引規制が適用されるようにも解され，実務上は，念のため利益相反取引規制が適用されることを前提とした対応をすることが考えられる。

---

5) 中間試案補足説明第 3 部第 3 の 1 (2)。
6) 部会第 5 回会議議事録 61 頁［加藤貴仁幹事発言］。
7) 中間試案補足説明第 3 部第 3 の 1 (2)。

　各監査役，各監査等委員又は各監査委員の同意を得ずに和解がされた場合のその和解の効力や，事後の同意を得ることで瑕疵が治癒されるかといった理論的な点については，今後の解釈に委ねられるものと考えられる。いずれにしても，実務的には，責任追及等訴えに係る訴訟における和解の可能性がある場合には，各監査役，各監査等委員又は各監査委員の同意を遺漏なく得られるよう余裕をもって社内での段取りを整えておくことが肝要である。

　また，規程の整備という観点では，改正会社法849条の2の新設に合わせて，各社の定めている監査基準において，取締役等の責任を追及する訴えに係る訴訟における同意の手続を新設する必要がないかについても検討が必要となる。

第 2 節　議決権行使書面の閲覧等

point 改正のポイント

①議決権行使書面の閲覧等の請求について，拒絶事由が明文化された。

②議決権行使書面の閲覧等の請求は，当該請求の理由を明らかにしてすることが必要となった。

1．改正の趣旨・背景

　株主（株主総会において決議をした事項の全部につき議決権を行使することができない株主を除く。以下，本節において同じ）は，株式会社の営業時間内であれば，いつでも，議決権行使のために提出された議決権行使書面の閲覧又は謄写の請求をすることができるが，改正前会社法では，この閲覧等の請求に際して，株主が請求の理由を明らかにする必要はなく，拒絶事由も規定されていなかった（旧法 311 条 4 項）[8]。

　このため，株主名簿の閲覧等の請求が拒絶された場合において，株主の住所等の情報を取得する目的で[9]，議決権行使書面の閲覧等の請求が利用されている可能性があるという指摘や，株式会社の業務の遂行を妨げる目的など，正当な目的

---

[8]　株主名簿の閲覧等の請求においては，株主が請求の理由を明らかにする必要があり，拒絶事由も規定されていることと対照的であった（会社法 125 条 2 項・3 項）。なお，議決権行使書面の閲覧等についても，改正前会社法下において，名簿屋に情報を売却するといった目的で閲覧等の請求がなされた場合は，権利濫用（民法 1 条 3 項）として会社が当該請求を拒絶できるとの解釈が示されていた（岩原紳作編『会社法コンメンタール 7——機関(1)』（商事法務，2013）217 頁，230 頁［松中学］，西村ときわ法律事務所編『新会社法実務相談』（商事法務，2006）115 頁［太田洋＝越直美］，和田宣喜＝星野隆宏「議決権行使書面閲覧・謄写請求をめぐる会社法上の問題点」商事法務 1932 号（2011）30 頁）。さらに進んで，株主名簿等の閲覧又は謄写請求の拒絶事由の潜脱という弊害が生じる可能性がある場合には，会社法 125 条 3 項の類推適用を認めるべきとする見解があった（和田＝星野・30 頁）が，これに反対する見解もあった（岩原編・217 頁～218 頁［松中］。ただし，平成 26 年改正前会社法 125 条 3 項を前提とする）。

[9]　株主の住所は，議決権行使書面に記載すべき事項とされていない（会社則 66 条 1 項参照）が，実務上，記載されることが多い。

以外の目的で閲覧等の請求が行使されているのではないかと疑われる事例がある
とも指摘されていた[10]。

2. 改正の内容

改正法は，議決権行使書面の閲覧等の請求に関しても，株主名簿の閲覧等に関
する規律と同様の規律を設け，(i)**図表6-1**のとおり拒絶事由を明文化するととも
に（改正法311条5項1号～4号），(ii)株主が閲覧等を請求する場合には，当該請
求の理由を明らかにしてしなければならないこととした（同条4項）。

上記(i)の拒絶事由は，請求者の範囲が株主に限られることを除けば，株主名簿
の閲覧等の請求に係る会社法125条3項と同様の規定であることから[11]，同項
に関する解釈は，基本的に(i)の拒絶事由の解釈にあたっても参考になるものと考
えられる。

また，(ii)の請求の理由の記載が求められるのは，株式会社が(i)の拒絶事由の有
無の判断をすることを容易にするためであることから，当該請求の理由は，株式

図表6-1

拒絶事由	具体例[12]
①株主の権利の確保又は行使に関する調査以外の目的で請求を行ったとき（改正法311条5項1号）	株主が自己の商品についてのダイレクトメールを送る目的等で議決権行使書面の閲覧等の請求を行ったとき
②株式会社の業務の遂行を妨げ，又は株主の共同の利益を害する目的で請求を行ったとき（同2号）	株主が不必要に相次いで議決権行使書面の閲覧等の請求を行ったとき
③閲覧又は謄写によって知り得た事実を利益を得て第三者に通報するため請求を行ったとき（同3号）	株主が，いわゆる名簿業者等に情報を売却するために議決権行使書面の閲覧等の請求を行ったとき
④過去2年以内において，閲覧又は謄写によって知り得た事実を利益を得て第三者に通報したことがあるものであるとき（同4号）	株主が，過去2年以内において，議決権行使書面の閲覧等によって知り得た事実をいわゆる名簿業者等に売却したことがあるものであるとき

10) 中間試案補足説明第3部第3の2（1）。
11) 中間試案補足説明第3部第3の2（2），部会第7回会議資料12・4頁～5頁参照。
12) 竹林・一問一答238頁～239頁。

会社がそのような判断をすることができる程度に具体的な閲覧等の目的を掲げることを要すると解される[13]。

　なお，電磁的方法により提供された議決権行使書面に記載すべき事項の閲覧等の請求（旧法312条5項），並びに，代理権を証明する書面及び電磁的方法により提供された当該書面に記載すべき事項の閲覧等の請求（旧法310条7項）についても，併せて同様の規律を設けることが相当であるとされ[14]，議決権行使書面と同様の規定が設けられている（改正法312条5項・6項1号〜4号，310条7項・8項1号〜4号）。

3．経過措置（適用時期）

　改正法の施行前にこれらの請求がされた場合には，改正前会社法の規律を前提として当該請求がされているということに配慮し[15]，改正法の施行前にされた議決権行使書面や代理権を証明する書面等の閲覧等の請求については，なお従前の例によるものとされている（改正法附則4条）。他方で，改正法の施行前に開催された株主総会に係る議決権行使書面であっても，改正法の施行後に請求された場合には，改正法の規律が適用されることになる。

---

point 実務のポイント

　議決権行使書面の閲覧等の請求について，拒絶事由が明文化されたことを踏まえ，会社側としては，個々の閲覧等の請求がなされた場合には，当該請求等を認めるか，株主側が明らかにしてきた請求の理由に基づき判断をしていくことになる。実務対応として，従来の対応から大きく変わるところはないものと思われるが，各種の書類閲覧等に関する規程・書式等を作成している場合には，本改正に応じて改訂する必要がある部分がないか（議決権行使

---

13) 竹林俊憲ほか「令和元年改正会社法の解説〔VIII・完〕」商事法務2229号（2020）6頁。
14) 中間試案補足説明第3部第3の2（3）。
15) 竹林・一問一答236頁。

書面の閲覧等についても請求の理由の記載を求める等）の検討をしておくことが望ましい。

第3節　株式の併合等に関する事前開示事項

> **point** **改正のポイント**
>
> 株式の併合等を利用したキャッシュアウトに際してする端数処理手続に関する事前開示事項が具体化され，情報開示の更なる充実化が図られた。

1．改正の経緯

　全部取得条項付種類株式の取得又は株式の併合（以下「株式の併合等」という）は，実務上，少数株主の締め出し（以下「キャッシュアウト」という）の方法として用いられることがあるが，キャッシュアウトにおいては，通常，1に満たない端数の処理が発生する。端数処理手続においては，1に満たない端数の合計数（その合計数に1に満たない端数が生ずる場合，その端数は切り捨てられる）に相当する数の株式を競売又は任意売却（以下「任意売却等」という）し，得られた代金を株主に交付することになる（会社法234条，235条）。

　株式の併合等については，改正前会社法においても，事前開示手続（会社法171条の2，182条の2，会社則33条の2，33条の9）及び事後開示手続（会社法173条の2，182条の6，会社則33条の3，33条の10）が定められており，1に満たない端数の処理をすることが見込まれる場合における当該処理の方法に関する事項や当該処理により株主に交付することが見込まれる金銭の額及び当該額の相当性に関する事項等の情報開示を充実させることにより，株主の利益の保護が図られていた。

　しかし，会社法制（企業統治等関係）部会において，株式の併合等の効力は，所定の取得日又は効力発生日に生ずるものの（会社法173条，182条），株式の併合等の効力発生後に1に満たない端数の処理により株主に実際に交付される代金の額は，任意売却等の結果に依存しており，実際に任意売却等がされるまでの事情変動等による代金額の低下や代金の不交付のリスクは，当該代金の交付を受け

るべき株主が負うこととなるため，確実かつ速やかな任意売却等の実施及び株主への代金の交付を確保するための措置の導入について検討すべきであるという指摘がされた[16)17)]。

かかる指摘を踏まえて，改正会社法施行規則において，株式の併合等に関する事前開示事項が具体化され，情報開示の更なる充実化が図られることとなった。

2. 改正の内容

改正会社法施行規則33条の2第2項4号及び33条の9第1号ロでは，株式の併合等において，1に満たない端数の処理をすることが見込まれる場合における事前開示事項について，改正前会社法施行規則から具体化がされている。改正された項目を含めた事前開示事項の具体的内容は，①及び②のとおりとなる。

① 全部取得条項付種類株式の取得に関する事前開示事項（改正箇所に下線）

(i)	会社法 171 条 1 項各号に掲げる事項
(ii)	取得対価の相当性に関する事項（次に掲げる事項その他会社法 171 条 1 項 1 号及び 2 号に掲げる事項についての定め（当該定めがない場合にあっては，当該定めがないこと）の相当性に関する事項） (1)取得対価の総数又は総額の相当性に関する事項 (2)取得対価として当該種類の財産を選択した理由 (3)全部取得条項付種類株式を取得する株式会社に親会社がある場合には，当該株式会社の株主（当該親会社を除く）の利益を害さないように留意した事項（当該事項がない場合にあっては，その旨） (4)会社法 234 条の規定により 1 に満たない端数の処理をすることが見込まれる場合における次に掲げる事項 　イ　端数処理の方法に関する事項 　　　①競売又は任意売却のいずれをする予定であるかの別及びその理由 　〈競売をする予定である場合〉

16) 中間試案補足説明第3部第3の3。
17) なお，会社法研究会第14回参考資料24・2頁においても，「過去にも，二段階買収に係る全部取得条項付種類株式の取得の事案で，株主総会による承認決議の後に生じた事情変動等によって，適時に任意売却等が行われず，公開買付け時および当該承認決議時に想定されていた対価に比して著しく低い対価が少数株主に交付されたという事案が発生している」との指摘がされている。

	②競売の申立てをする時期の見込み（当該見込みに関する取締役（取締役会設置会社にあっては，取締役会。以下本表において同じ）の判断及びその理由を含む）[18]
	〈任意売却（市場において行う取引による売却に限る）をする予定である場合〉
	②売却する時期及び売却により得られた代金を株主に交付する時期の見込み（当該見込みに関する取締役の判断及びその理由を含む）[18]
	〈任意売却（市場において行う取引による売却を除く）をする予定である場合〉
	②売却に係る株式を買い取る者となると見込まれる者の氏名又は名称
	③売却に係る株式を買い取る者となると見込まれる者が売却に係る代金の支払のための資金を確保する方法及び当該方法の相当性
	④売却する時期及び売却により得られた代金を株主に交付する時期の見込み（当該見込みに関する取締役の判断及びその理由を含む）[18]
	ロ　当該処理により株主に交付することが見込まれる金銭の額及び当該額の相当性に関する事項
(ⅲ)	取得対価について参考となるべき事項（具体的には会社則33条の2第3項各号参照）
(ⅳ)	計算書類に関する事項（全部取得条項付種類株式を取得する株式会社において最終事業年度の末日（最終事業年度がないときは，同社の成立の日）後に生じた重要な財産の処分，重大な債務の負担その他の会社財産の状況に重要な影響を与える事象の内容，同社において最終事業年度がないときは，同社の成立の日における貸借対照表）
(ⅴ)	備置開始後株式会社が全部取得条項付種類株式の全部を取得する日までの間に，上記(ⅱ)～(ⅳ)の事項に変更が生じたときは，変更後の当該内容

② 株式併合に関する事前開示事項（改正箇所に下線）

(ⅰ)	会社法180条2項各号に掲げる事項
(ⅱ)	次に掲げる事項その他の会社法180条2項1号及び3号に掲げる事項についての定めの相当性に関する事項 (1)株式の併合をする株式会社に親会社等がある場合には，当該株式会社の株主（当該親会社を除く）の利益を害さないように留意した事項（当該事項がない場合にあたっては，その旨） (2)会社法235条の規定により1に満たない端数の処理をすることが見込まれる場合における次に掲げる事項 　イ　端数処理の方法に関する事項 　　　①競売又は任意売却のいずれをする予定であるかの別及びその理由 　　　〈競売をする予定である場合〉 　　　②競売の申立てをする時期の見込み（当該見込みに関する取締役（取締役会設置会社にあっては，取締役会。以下本表において同じ）の判断及びその理由を含

---

18) 取締役（取締役会設置会社にあっては，取締役会）がどのような判断過程及び理由により，競売の申立てをする時期又は売却する時期及び売却により得られた代金を株主に交付する時期を見込んだのかについて記載することが求められている（令和2年省令パブコメ結果5頁）。

	む）[18]
	〈任意売却（市場において行う取引による売却に限る）をする予定である場合〉
	②売却する時期及び売却により得られた代金を株主に交付する時期の見込み（当該見込みに関する取締役の判断及びその理由を含む）[18]
	〈任意売却（市場において行う取引による売却を除く）をする予定である場合〉
	②売却に係る株式を買い取る者となると見込まれる者の氏名又は名称
	③売却に係る株式を買い取る者となると見込まれる者が売却に係る代金の支払のための資金を確保する方法及び当該方法の相当性
	④売却する時期及び売却により得られた代金を株主に交付する時期の見込み（当該見込みに関する取締役の判断及びその理由を含む）[18]
	ロ 当該処理により株主に交付することが見込まれる金銭の額及び当該額の相当性に関する事項
(iii)	株式の併合をする株式会社において最終事業年度の末日（最終事業年度がないときは，同社の成立の日）後に生じた重要な財産の処分，重大な債務の負担その他の会社財産の状況に重要な影響を与える事象の内容，同社において最終事業年度がないときは，同社の成立の日における貸借対照表
(iv)	備置開始日後株式の併合がその効力を生ずる日までの間に，上記(ii)及び(iii)に掲げる事項に変更が生じたときは，変更後の当該事項

3. 経過措置（適用時期）

改正会社法施行規則は，改正会社法の施行の日から施行するものとされている（改正省令附則 1 条）。

ただし，施行日前に会社法 171 条 1 項の株主総会の決議がされた場合におけるその全部取得条項付種類株式の取得に係る会社法 171 条の 2 第 1 項に規定する書面又は電磁的記録の記載又は記録については，なお従前の例によるものとされ（改正省令附則 2 条 2 項），また，施行日前に会社法 180 条 2 項の株主総会（株式の併合をするために種類株主総会の決議を要する場合にあっては，当該種類株主総会を含む）の決議がされた場合におけるその株式の併合に係る会社法 182 条の 2 第 1 項に規定する書面又は電磁的記録の記載又は記録については，なお従前の例によるものとされている（改正省令附則 2 条 3 項）。

4. 実務への影響等

改正会社法施行規則では，事前開示の内容として，任意売却の実施及び株主に

対する代金の交付の見込みに関する事項及び当該見込みについての取締役等の判断及びその理由も開示しなければならないとされているところ，仮に当該交付の時期を大幅に経過しても株主が代金の交付を受けられなかったような場合には，当該事前開示事項の内容が，取締役等に対する責任追及（会社法429条1項）の根拠となる可能性もある。

　従来の実務においても，取締役等としては，キャッシュアウトに際して端数処理が適切になされるよう，その処理方法や当該処理により株主に交付されることが見込まれる金銭の額等について，善管注意義務に従って適切に判断することが求められてきたが，改正会社法施行規則の下では，新たに事前開示事項にもなることを前提に，株主に対する代金の交付の見込み等について適切に開示していくことが必要となる。

> **point 実務のポイント**
>
> 　改正会社法施行規則においては，事前開示事項が拡充され，競売の申立てをする時期の見込みや任意売却の実施及び株主に対する代金の交付の時期の開示が新たに求められることとなるため，端数処理手続の方針やスケジュールについては，キャッシュアウトを開始する段階で早期に確定しておくことが必要となる。
>
> 　なお，上場会社の場合，例えば，任意売却株式買取人の「氏名又は名称」（改正会社則33条の2第2項4号イ(4)及び33条の9第1号ロ(1)(iv)）については，現在の実務においても株式の併合等に関する適時開示や臨時報告書において，任意売却株式買取人として買収者又は対象会社のいずれかが特定して記載されることが多いため，適時開示における開示の内容等も参考に事前備置としての開示をすることが考えられよう。このように，少なくとも上場会社については，現行の実務に大きな影響まではないと考えられる[19]。

19）内田＝邉・前掲注4) 34頁。

第4節　会社の登記に関する見直し（新株予約権の払込金額の登記，支店所在地における登記制度の廃止，代表者住所の閲覧制限）

> **point 改正のポイント**
>
> ①募集新株予約権の払込金額について算定方法を定めた場合でも，登記申請時までに払込金額が確定している場合，払込金額が登記事項となった。
>
> ②支店の所在地における登記制度が廃止された。
>
> ③代表者の住所について，インターネットによる登記情報提供サービスでは一律に提供（開示）しないこととなる。また，DV被害の防止に必要な場合で一定の要件を満たす場合には，登記事項証明書にも表示しない措置が取られることとなる。

1．新株予約権の払込金額の登記

(1)　改正の趣旨・背景

　改正前会社法では，株式会社が新株予約権を発行した場合，募集新株予約権と引換えに金銭の払込みを要しないこととするとき以外は，募集新株予約権の払込金額又はその算定方法を登記することが求められていた（旧法911条3項12号ニ，会社法238条1項3号）。そして，会社法238条1項3号に掲げる事項として，払込金額ではなく，算定方法を定めた場合には，登記申請時までに募集新株予約権の払込金額が確定したときであっても，登記に際しては，その算定方法を登記するものと解されており[20]，算定方法として，例えば，ブラック・ショールズモ

---

[20]　ただし，実務上は，払込金額を登記することが稀ではなかったとの指摘もある（伊藤雄司「II 会社情報の開示のあり方と商業登記——新株予約権に関する登記事項についての会社法改正を素材として」商事法務2232号（2020）60頁注4）。

デルに関する詳細かつ抽象的な数式等の登記を要するなど，全般的に煩雑で申請人の負担となっているとの指摘がなされていた。

　この点については，新株予約権の払込金額は，資本金の額に直接的に影響するものでもなく，会社法 238 条 1 項 3 号に掲げる事項を新株予約権の発行の段階から登記事項として公示することまでの必要はない旨の指摘などがなされていた。他方で，新株予約権の発行の透明性を確保する必要があることや，新株予約権の払込金額やその算定方法の登記は，新株予約権の発行の無効の訴え（会社法 828 条 1 項 4 号）や取締役等に対する責任追及（会社法 285 条，286 条等）の資料となる可能性もあるという指摘がされており，募集新株予約権の払込金額に関する一切の事項の登記を要しないこととすることは相当でないと考えられた[21]。

(2)　改正の内容

　改正法は，募集新株予約権について会社法 238 条 1 項 3 号に掲げる事項を定めたときは，(i)原則として，募集新株予約権の払込金額を登記するものとし，(ii)例外的に，同号に掲げる事項として募集新株予約権の払込金額の算定方法を定めた場合において，登記の申請の時までに募集新株予約権の払込金額が確定していないときは，当該算定方法を登記するものとした（改正法 911 条 3 項 12 号ヘ）。

　募集新株予約権について会社法 238 条 1 項 3 号に掲げる事項を定めたときの，同号に関する登記事項は，条件ごとに整理すれば**図表 6-2** のとおりとなる。

図表 6-2

	条　件	登記事項
(i)	下記(ii)以外の場合（原則）	払込金額
(ii)	募集新株予約権の払込金額の算定方法を定めた場合において，登記の申請の時までに募集新株予約権の払込金額が確定していないとき（例外）	算定方法

21）部会第 13 回会議資料 21・9 頁〜10 頁，竹林・一問一答 243 頁。

⑶ 経過措置（適用時期）

　改正法の施行前に新株予約権の発行による変更の登記の申請がされた場合において，当該登記がされる前に改正法が施行されたときは，当該申請について改正会社法 911 条 3 項 12 号への規定を直ちに適用することとすると，当該申請が不適法となってしまう。このことに配慮し[22]，施行前に登記の申請がされた新株予約権の発行に関する登記の登記事項については，なお従前の例によるものとされている（改正法附則 9 条）。逆に，発行が施行前でも施行後に登記申請する場合には，改正法が適用されることには留意する必要がある。

> **point　実務のポイント**
>
> 　上場会社がストックオプションとして新株予約権を発行する際，いわゆる相殺構成を採る場合，募集事項としては，払込金額の算定方法として，ブラック・ショールズモデルの計算式等が決議されることがある。改正法の下では，割当日の株価等に基づき実際の払込金額が算定され，登記申請の際には払込金額が確定していれば，結論として算定された払込金額を登記事項として記載することとなろう。
>
> 　他方で，登記申請時までに，払込金額が確定せず，引き続き算定方法を登記する場合には，単に「ブラック・ショールズモデルによる」といった簡略な記載は許されず，算定方法そのもの（例えば，ブラック・ショールズモデルの場合についてはその計算式）を登記することが求められると解される。なお，その場合に，その後に払込金額が確定した場合であっても，変更登記は義務付けられないと解される[23]。

22）竹林・一問一答 245 頁。
23）宮崎拓也ほか「座談会　会社法・商業登記法の改正と今後の登記実務の展望」登記情報 701 号（2020）23 頁〜 24 頁［南野雅司発言］。

2. 支店所在地における登記制度の廃止

(1) 改正の背景

改正前会社法において，会社は，本店の所在地において登記をするほか，支店の所在地においても，商号，本店の所在場所及び支店（その所在地を管轄する登記所の管轄区域内にあるものに限る）の所在場所を登記しなければならないこととされていた（旧法930条2項）。これは，支店のみと取引をする者が本店の所在場所を正確に把握していない場合があり得ることを前提として，支店の所在地を管轄する登記所において検索すればその本店を調査できるという仕組みを構築するものであった。

しかし，インターネットが広く普及した現在では，会社の探索は一般に容易であり，また，登記情報提供サービスにおいて，商号等を利用して会社の本店を探索することもできるようになっており，会社の支店の所在地における登記について登記事項証明書の交付請求がされる例は，ほとんどなかった[24]。

(2) 改正の内容

登記申請義務を負う会社の負担軽減等の観点から，会社の支店の所在地における登記に関する規定（旧法930条～932条）を削除し，支店の所在地における登記制度を廃止した。なお，廃止されたのは，あくまで支店所在地における登記制度であり，本店所在地における「支店の所在場所」（会社法911条3項3号）は，引き続き登記事項であることには留意する必要がある。

(3) 経過措置（適用時期）

経過措置は定められておらず，施行と同時に廃止されることになるが，施行時期については，法務省及び法務局のシステム改修等の準備期間確保のため[25]，

24）中間試案補足説明第3部第3の6，竹林・一問一答246頁。
25）竹林ほか・前掲注13）9頁。

改正法の公布の日から起算して3年6月を超えない範囲内において政令で定める日から施行とされている（改正法附則1条ただし書）。

3. 代表者住所の閲覧制限

(1) 改正の背景

　会社法において，株式会社の代表者（代表取締役又は代表執行役）の住所は，登記事項とされており（会社法911条3項14号・23号ハ），①登記事項証明書の交付の請求（商業登記法10条1項），又は，②電気通信回線による登記情報の提供に関する法律に基づくオンラインでの閲覧（インターネットによる登記情報提供サービス）により，誰でも代表者の住所を調査することができる。この点については，プライバシー保護の観点から，代表者の住所を登記事項から削除し，またはその閲覧を制限することが妥当であるとの指摘もされてきたところであり[26]，中間試案では，代表者の住所が記載された登記事項証明書は，当該住所の確認について「利害関係を有する者」に限り，交付を請求できるとする案が提案されていた[27]。もっとも，これに対しては，「利害関係を有する者」の範囲が不明確だという指摘や，代表者の住所の与信審査や与信管理への影響を懸念する意見があり，改正法及び整備法は，代表者の住所を登記事項証明書に記載する現在の規律自体は見直さないものとした[28]。

　他方で，法制審議会における要綱附帯決議第2項は，会社法制（企業統治等関係）部会における議論や登記事項証明書の利用に係る現状等に照らし，代表者の住所を登記事項としては維持しつつも，法務省令において，(2)で述べる改正を行うことを提言している。

26）中間試案補足説明第3部第3の5。
27）中間試案第3部第3の5。
28）部会第17回会議資料26・32頁。

(2)　附帯決議の内容

(ⅰ)	株式会社の代表者から，自己が配偶者からの暴力の防止及び被害者の保護等に関する法律第1条第2項に規定する被害者その他の特定の法律に規定する被害者等であり，更なる被害を受けるおそれがあることを理由として，その住所を登記事項証明書に表示しない措置を講ずることを求める旨の申出があった場合において，当該申出を相当と認めるときは，登記官は，当該代表者の住所を登記事項証明書に表示しない措置を講ずることができるものとする。
(ⅱ)	電気通信回線による登記情報の提供に関する法律に基づく登記情報の提供においては，株式会社の代表者の住所に関する情報を提供しないものとする。

　(ⅱ)は，いわゆるインターネットによる登記情報提供サービスにおいては，代表者の住所に関する情報は，一律に提供しないものとすることを求めるものである。登記事項証明書自体の交付を受ければ，引き続き代表者の住所を特定することは可能であるとしても，一定の範囲でプライバシー保護に対する配慮を求めるものといえる[29]。

　他方，(ⅰ)は，代表者がDVの被害者である場合に，当該代表者の住所を登記事項証明書に一切表示しない措置を講ずることができるような制度の創設を求めるものである。当該措置が講じられると，(ⅱ)とは異なり，登記事項証明書自体の交付を受けたとしても，当該代表者の住所は開示されないこととなる[30]。「特定の法律に規定する被害者等」がどのような形で規定されるかや申出の方法等については，今後の法務省令の改正を待つ必要がある。

----

29) ただし，竹林・一問一答276頁によれば，インターネットによる登記情報提供サービスにおいて，代表者の住所に関する情報を一律に提供しないこととしているのは，システム上，特定の株式会社についてのみ，一部の登記事項に関する情報を提供しない取扱いをすることが困難であることが理由とされており，代表者の住所を登記事項証明書に表示しない措置が講じられた株式会社についてのみ，当該代表者の住所に関する情報を提供しないものとすること等の可否については，システム改修による対応の可能性等も含め，引き続き検討する必要があるとされている。
30) 内田＝邉・前掲注4) 37頁は，このような場合でも，登記所が保持する商業登記簿の附属書類の閲覧制度（商業登記法11条の2）を利用することにより代表者の住所を調べることが可能であるが，閲覧請求を行うためには，利害関係が必要であり，閲覧の申請に際しては利害関係を明らかにする事項を記載するとともに，利害関係を証する書面の添付が求められる（商業登記規則21条2項3号・3項）ことを指摘する。また，神田秀樹「『会社法制（企業統治等関係）の見直しに関する要綱案』の解説〔Ⅷ・完〕」商事法務2198号（2019）16頁は，利害関係を証する書面として，請求書，契約書，領収書または訴状の写し等を添付することを求めることが考えられ，第一次的には，登記官が利害関係の有無を判断することになるものと考えられるとする（部会第18回会議議事録21頁〜22頁［宮崎拓也幹事発言］も参照）。

⑶　改正の時期等

　⑵の附帯決議に基づく措置については，商業登記規則及び電気通信回線による登記情報の提供に関する法律施行規則を改正することにより実施することが見込まれているが，各法務省令の具体的な改正内容やその具体的時期については，現時点では明らかとはなっていない。

　ただし，立案担当者によれば，⑵(ⅱ)の措置を実現するためには，システム改修が必要であり，改修後のシステムの運用開始時期が令和4年12月以降となることが見込まれていることから，改正法の公布の日から起算して3年6月を超えない範囲内の適切な時期に，これらの法務省令を改正することが予定されているとのことである[31]。

31）竹林・一問一答271頁注3。

第5節　成年被後見人等に係る取締役等の欠格条項

point　改正のポイント

①成年被後見人等に係る取締役等の欠格条項を削除した。

②成年被後見人等が取締役等に就任する場合の手続規定が整備された。

1. 改正の趣旨・背景

　改正前会社法では，成年被後見人及び被保佐人（以下「成年被後見人等」という）は，株式会社の取締役，監査役，執行役，清算人，設立時取締役及び設立時監査役（以下「取締役等」という）となることができなかった（旧法331条1項2号，335条1項，402条4項，478条8項，39条4項）。

　もっとも，このような欠格条項の存在が，成年後見制度の利用を躊躇させる要因の一つになっているとの指摘[32]がなされていたこと等を踏まえ，成年被後見人等の欠格条項の見直しが行われることとなった[33]。

2. 改正の内容

　改正法は，改正前会社法に存在した成年被後見人等についての取締役等の欠格条項（旧法331条1項2号，335条1項，402条4項，478条8項）を削除すると同時に，以下のような整備を行った。

(1) 成年被後見人等の取締役等への就任の承諾

　改正法では，成年被後見人等であっても取締役等に就任できることとなったが，仮に民法の原則（民法9条本文，13条4項）どおり，成年被後見人等の取締役等

---

[32] 平成29年3月24日付成年後見制度利用促進基本計画2(2)①エ，3(7)，成年被後見人等の権利の制限に係る措置の適正化等を図るための関係法律の整備に関する法律（令和元年法律第37号）。

[33] 改正の背景の詳細については，竹林・一問一答249頁〜250頁。

への就任の承諾に関しても取り消し得ることとなると，当該取締役が代表取締役としてした取引の相手方の保護，法的安定性等の観点から問題が生じる。

　そこで，改正法は，成年被後見人等が取締役等に就任する場合には，以下のとおり，取締役等への就任の承諾の効力が確定的に生ずるような方法によらなければならないこととし，他方で，これらの方法によらないでした就任の承諾は，はじめから無効と解されている[34]。

① 成年被後見人が取締役等に就任するための承諾方法

　成年被後見人が取締役等に就任するには，成年後見人が，成年被後見人の同意（後見監督人がある場合にあっては，成年被後見人及び後見監督人の同意）を得た上で，さらに，成年被後見人に代わって就任の承諾をしなければならない（改正法331条の2第1項）。

② 被保佐人が取締役等に就任するための承諾方法

　被保佐人が取締役等に就任するには，保佐人の同意を得なければならない（改正法331条の2第2項）。また，保佐人が民法876条の4第1項の代理権を付与する旨の審判に基づき被保佐人に代わって就任の承諾をする場合（保佐人が代理権を有している場合）には，保佐人が，被保佐人の同意を得た上で，被保佐人に代わって就任の承諾をしなければならない（改正法331条の2第3項）。

(2) **成年被後見人等がした取締役等の資格に基づく行為の効力**

　成年被後見人等が法人の代表者として第三者との間で契約を締結した場合には，民法102条本文の類推適用により，当該契約は取り消すことはできないと解することができる一方で，対外的な業務の執行以外の職務の執行については，個々の行為の性質を踏まえ，個別に決定せざるを得ないと考えられ，法的安定性や取引

---

[34] 竹林・一問一答251頁，254頁，257頁〜258頁。なお，無効な承諾をした者が行った行為（取締役会決議，対外的取引等）の効力については，今後の解釈に委ねられることになる（近藤光男＝志谷匡史『改正株式会社法Ⅴ』（弘文堂，2020）1077頁注6）。

の安全を害するおそれがある[35]。他方で，取締役等の職務の執行については，その効果は株式会社に帰属し，成年被後見人等自身には帰属しないため，成年被後見人等の保護を目的としてその取消しを認める必要性は乏しい。

そこで，改正法は，成年被後見人又は被保佐人がした取締役の資格に基づく行為は，行為能力の制限によっては取り消すことができないものとした（改正法331条の2第4項）[36]。同項の「取締役の資格に基づく行為」とは，取締役と株式会社の関係に基づく行為をいい，取締役としての職務の執行（取締役会における議決権の行使や，株式会社の業務の執行など）が広く含まれると解されている[37]。なお，取締役の辞任の意思表示は，「取締役の資格に基づく行為」には含まれないものと解されている[38]。

3. 成年被後見人等が取締役等となることで生じるその他の論点等

(1) 成年被後見人の職務執行の方法

成年後見人が取締役等の職務の執行を代理することはできないと解されている。これは，(i)取締役は，その専門的知識等に対する株主の信頼を基礎に選任されており，取締役等の職務の執行は，その性質上，代理には親しまない行為であると解されていること，(ii)取締役等の職務の執行は，成年被後見人の「財産に関する法律行為」（民法859条1項）に該当しないと考えられること，(iii)成年後見人は，株式会社の承諾なく交代する可能性があり会社法上の取締役等の責任も負わないことも考慮すると，成年後見人が取締役等の職務の執行を代理することは相当で

35）部会第10回会議資料17・4頁〜5頁。
36）竹林・一問一答261頁。なお，前記(1)①②の規律に従って有効に取締役の地位に就任した限り，当該成年被後見人等が適法な取締役として行為できることは当然であるとの解釈を前提に，改正会社法331条の2第4項の定めは，仮に上記の規律に反して成年被後見人等が取締役に就任したときは，取締役の地位は無効であるが，その行為が「取消し」の対象となることを否定し，法的安定の維持を図る趣旨であるとする見解も存在する（近藤＝志谷・前掲注34）1077頁〜1078頁）。
37）竹林・一問一答261頁。
38）竹林・一問一答252頁注2。

ないことといった理由による[39]。

　また，成年被後見人の取締役等としての職務の執行に成年後見人が関与することは通常想定されていない[40]。

(2)　成年被後見人等の会社法上の責任

　成年被後見人等が取締役等である場合であっても，株式会社に対する損害賠償責任（会社法423条）や第三者に対する損害賠償責任（会社法429条）等の会社法上の責任は同様に課される。なお，責任無能力による免責の規定（民法713条）の適用又は類推適用の可否は，引き続き解釈に委ねられている[41]。ただし，改正法が，取締役等が行為能力の制限を受けていた場合には，会社法上の責任は負わない旨の規定をあえて設けないこととした経緯に鑑みると[42]，成年被後見人等であるという理由をもって，免責等が認められるということにはならないものと解される[43]。

(3)　成年後見人等の会社法上の責任

　取締役等に就任した成年被後見人がその職務の執行に関し，株式会社又は第三者に損害を与えた場合であっても，成年後見人は，成年被後見人による職務の執行に関与することは通常想定されていないため，事実上取締役等として職務を執行したということができるような場合を除き，株式会社や第三者に対して損害を賠償する責任を負うことはないと解される[44]。

---

39)　竹林・一問一答260頁。
40)　竹林・一問一答265頁。竹林ほか・前掲注13）12頁，13頁注8，部会第10回会議資料17・5頁，部会第10回会議議事録16頁［佐久間毅参考人発言］。
41)　竹林・一問一答263頁。
42)　竹林・一問一答264頁注3。
43)　責任無能力による免責の規定の（類推）適用の有無に関し，「要件を満たして承諾した以上は，完全に取締役としての責任が課されると解釈すべきである」とする見解として，部会第13回会議議事録27頁［田中亘幹事発言］。

⑷ 終任

　改正法では，成年被後見人等であっても取締役等に就任できることとなったが，在任中の取締役等が後見開始の審判を受けたことは，民法上の委任の終了事由に該当し，取締役等の終任事由となる（会社法330条，402条3項，478条8項，民法653条3号）[45]。他方で，取締役等が保佐開始の審判を受けたことは終任事由とならない（民法653条3号参照）。

4．経過措置（適用時期）

　経過措置は定められておらず，改正法の公布の日から起算して1年6月を超えない範囲内において政令で定める日（改正法附則1条本文の施行日）から適用される。

---

point　実務のポイント

　取締役は，善管注意義務の一内容として，他の取締役の業務執行を監視する義務を負っており[46]，後見開始や保佐開始の審判の有無にかかわらず，必要に応じて他の取締役の心身の状態を把握し，特定の取締役が心身の故障により客観的に職務の執行に支障を来すような状態になったことを知った場合には，例えば，心身の故障がある取締役の解任のため株主総会を招集する

---

44) 竹林・一問一答265頁，部会第10回会議議事録16頁〜17頁［佐久間参考人発言］，17頁［山野目章夫参考人発言］。なお，会社法上の責任に民法714条が類推適用されるかは解釈上不明であるが，仮に類推適用されるとしても，成年後見人は，成年被後見人に代わって取締役等への就任を承諾したことのみによっては責任を負うことはないと解される（竹林・一問一答265頁，上記［山野目参考人発言］参照，最判平28・3・1民集70巻3号681頁参照）。

45) 株式会社と取締役等との間において，取締役等が後見開始の審判を受けたことを終任事由としない旨の特約を締結することの可否という問題がある。この点，(i)民法653条3号は任意規定とされていることから特約締結が可能であるとする見解と，(ii)このような場面における同号の規定については強行規定であると解釈できることから特約締結が不可能であるとする見解があり得る（部会第13回会議資料22・3頁〜4頁。また，部会第10回会議議事録27頁〜28頁［佐久間参考人発言］，28頁［山野目参考人発言］参照）。竹林・一問一答267頁注1も参照。

46) 落合誠一編『会社法コンメンタール8——機関⑵』（商事法務，2009）219頁［落合誠一］，近藤光男編『判例法理・取締役の監視義務』（中央経済社，2018）4頁〜9頁参照。

などの措置を講ずることが求められると考えられる[47]。改正法を踏まえても，実務上，あえて成年被後見人等を取締役等に選任する例は多くないものとも思われるが，仮にそのような選定を行う場合には，他の取締役等は，各自に課せられた善管注意義務の履行として，このような観点も踏まえた対応が必要となる。

[47] 部会第15回会議資料24・9頁。

第6節　親会社との間の重要な財務及び事業の方針に関する契約の開示等

 改正のポイント

①親会社との間の重要な財務及び事業の方針に関する契約が事業報告の開示事項とされた。

②株主総会参考書類における取締役及び監査役候補者と親会社等の過去の関係の記載について，対象となる期間が伸長された。

1.　改正の内容

　平成26年会社法改正に際しては，親会社等との利益相反取引の取引条件等の適正を確保し，株式会社の利益を保護する観点から，株式会社とその親会社等との一定の利益相反取引について，事業報告又はその附属明細書において，当該取引をするに当たり当該株式会社の利益を害さないように留意した事項等を開示することを義務付けるとともに（会社則118条5号，128条3項），当該事項等についての監査役等の意見を監査報告の内容とすることとされた（会社則129条1項6号等）。

　改正会社法施行規則においては，これに加え，公開会社において，親会社と当該株式会社との間に当該株式会社の重要な財務及び事業の方針に関する契約等が存在する場合には，その内容の概要を事業報告に記載することとされた（改正会社則120条1項7号）。親会社との間で経営管理契約を締結している場合等が，これに該当し得るものと考えられる。

　また，改正会社法施行規則においては，株主総会参考書類における取締役及び監査役候補者と親会社等の関係の記載についても，関係を遡って記載する過去の期間が5年間から10年間に伸長され，より長期の関係の開示がされることとなっている（改正会社則74条3項3号・4項7号ロ・ハ，74条の3第3項3号・4項

7号ロ・ハ，76条3項3号・4項6号ロ・ハ等）。

　支配株主を有する上場会社においては，支配株主が自己の利益のためにその影響力を行使することで，少数株主の利益が損なわれるおそれがあると指摘されており，東京証券取引所においても，少数株主の正当な利益の保護のための制度整備等が図られてきているところ[48]，上記改正も，そのような少数株主保護の議論の流れの中に位置付けることができるものと思われる。

2. 経過措置（適用時期）

　改正省令附則2条11項は，改正法の施行日前にその末日が到来した事業年度のうち最終のものに係る事業報告の記載又は記録については，「なお従前の例による」こととしている。そのため，上記1で述べた親会社との間の重要な契約の事業報告への記載は，改正法の施行日（令和3年3月1日）以後にその末日が到来する事業年度に係る事業報告から求められることとなる。

　また，改正省令附則2条7項は，改正法の施行日以後にその末日が到来する事業年度のうち最初のものに係る定時株主総会より前に開催される株主総会又は種類株主総会に係る株主総会参考書類の記載については，改正会社法施行規則で定められた取締役及び監査役候補者と親会社等の関係に関する規定（改正会社則74条3項3号・4項7号ロ・ハ，74条の3第3項3号・4項7号ロ・ハ，76条3項3号・4項6号ロ・ハ等）にかかわらず，「なお従前の例による」こととしている。そのため，上記1で述べた株主総会参考書類の改正後の規律は，改正法の施行日（令和3年3月1日）以後に最初に末日が到来する事業年度に係る定時株主総会における株主総会参考書類から適用されることになる。

---

[48] 株式会社東京証券取引所「支配株主及び実質的な支配力を持つ株主を有する上場会社における少数株主保護の在り方等に関する中間整理」（2020年9月1日）3頁参照。

事項索引

あ行

アクセス通知 …………………… 27
インセンティブ ………………… 55
ウェブ開示 ………………… 33, 39
ウェブ修正 ……………………… 21
EDINET ………………………… 23
親会社との間の重要な財務及び事業の方
　針に関する契約 ……………… 215

か行

会社補償 ………………………… 88
確定額報酬 ……………………… 64
株式交付 ………………………… 152
　――の効力発生 ……………… 169
　――の対価 …………………… 164
　――の無効の訴え …………… 182
　――をやめることの請求 …… 180
株式交付親会社 ………………… 154
株式交付計画 …………………… 159
株式交付計画備置開始日 ……… 174
株式交付子会社 ………… 154, 156
株式交付信託 …………………… 76
株式の併合 ………… 197, 198, 201
株式報酬 ………………………… 67
株主総会参考書類
　………… 65, 99, 107, 126, 174, 215
「株主総会プロセスの電子化促進等に関
　する研究会報告書～対話先進国の実現
　に向けて～」 …………………… 4
株主提案権 ……………… 42-44, 53
元利金の減免 …………………… 149
議案要領通知請求 ……… 42-48, 53, 54

議決権行使書面 ………… 22, 28, 193
　――の閲覧又は謄写の拒絶事由 … 194
　――の閲覧又は謄写の請求 …… 193
　――の閲覧又は謄写の請求の理由
　……………………………………… 194
キャッシュアウト
　………… 101, 115, 116, 119, 197, 201
業績指標 …………………… 58, 79
業績連動報酬等 …………… 58, 79
業務執行取締役 … 110, 111, 113-115, 118
競　売 …………………… 197, 201
欠格条項 ………………………… 209
決議取消事由 ……………… 24, 29
行為能力 ………………………… 211
後見開始の審判 ………………… 213
後見監督人 ……………………… 210
公正な M&A の在り方に関する指針
　……………………………………… 111, 112
コーポレート・ガバナンス ……… 7
コーポレートガバナンス・コード … 2
コーポレート・ガバナンス・システムの
　在り方に関する研究会 ……… 3, 120
「コーポレート・ガバナンスの実践～企
　業価値向上に向けたインセンティブと
　改革」 …………………………… 3
コンプライ・オア・エクスプレイン … 3

さ行

債権者異議手続 ………………… 177
裁量棄却 ………………………… 26
事業報告 ……… 56, 78, 98, 106, 126, 215
事後開示手続 …………………… 179

事後交付型 ……………………… 73

事後交付型株式報酬 …………… 75

事前開示事項 …………………… 198

事前開示手続 ……………… 173, 197

事前交付型 ……………………… 73

事前交付型株式報酬 …………… 74

支店所在地における登記 ……… 205

資本金 …………………………… 73

社外取締役 ………………… 122, 124

　——への業務執行の委託

　……………… 110, 115, 118, 119

　——を置くことの義務付け … 122

　——を欠く取締役会決議の効力 … 128

　——を選任しない株主総会決議の効力

　……………………………… 130

社債管理者 ………………… 137, 145

社債管理補助者 …………… 131, 137

　——の義務 …………………… 133

　——の権限等 ………………… 134

　——の資格 …………………… 132

　——の責任 …………………… 139

社債権者集会 ………… 136, 142, 149

　——の決議の省略 …………… 150

「社債権者保護のあり方について～新た

　な情報伝達インフラ制度及び社債管理

　人制度の整備に向けて～」 ……… 5

終任事由 ………………………… 213

終了異議催告 …………………… 34

種類株主総会 ……………… 35, 176

準備金 …………………………… 73

上場会社等 ……………………… 57

書面交付請求 …………………… 30

新株予約権の払込金額の登記 … 202

スチュワードシップ・コード …… 2

ストックアプリシエーションライト … 78

ストックオプション ………… 67, 77

成年後見人 ……………………… 210

成年被後見人 …………………… 209

セーフ・ハーバー・ルール

　……… 110, 113, 114, 117, 121

責任限定契約 …………………… 111

責任追及等の訴え … 187, 188-190, 192

　——の和解 ……………… 187-192

0円ストックオプション …… 67, 77

全部取得条項付種類株式の取得

　……………………………… 197, 198

総数譲渡し契約 ………………… 168

相当とする理由 ………………… 56

　——の説明義務 ……………… 64

損失の補償 ……………………… 93

た行

代表者住所の閲覧制限 ………… 206

D&O保険 ……………………… 102

電子提供措置 ……………… 15, 18

　——開始日 …………………… 19

　——事項 ……………………… 20

　——の中断 …………………… 24

　——の例外 …………………… 22

登記事項証明書 ………………… 206

登記情報提供サービス …… 206, 207

特別委員会 ………………… 111, 112

取締役の個人別の報酬等の内容の決定に

　関する方針 ……………… 56, 57

取締役の個人別の報酬等の内容の決定の

　委任 ………………………… 58

取締役の資格に基づく行為 …… 211

取締役の報酬等 ………………… 55

取締役の報酬等に係る募集事項の決定の

　特則 ………………………… 72

な行

任意売却 ················· 197, 198, 200, 201

は行

端数処理 ··············· 172, 197, 201
パフォーマンス・シェア ················ 74
パフォーマンス・シェア・ユニット ··· 75
パフォーマンスキャッシュ ··············· 78
払込期日 ···················· 72
払込金額 ···················· 72
反対株主の株式買取請求 ··············· 180
非金銭報酬 ···················· 64
非金銭報酬等 ··············· 58, 81
被保佐人 ···················· 209
費用の補償 ···················· 90
ファントム・ストック ··············· 78
不確定額報酬 ···················· 64
フルセットデリバリー ··············· 33
報酬議案 ···················· 65
報酬等の決定方針 ··············· 55, 56, 82
保佐開始の審判 ··············· 213
保佐人 ···················· 210
補償契約 ··············· 88, 90
補償の範囲 ···················· 90

ま行

マネジメント・バイアウト
················· 111–113, 116, 119, 120
みなし定款変更 ··············· 37, 39
無償交付 ···················· 71
無償での株式発行 ··············· 67
モニタリングシステム ··············· 9

や行

役員等賠償責任保険契約 ··············· 101

ら行

利益相反取引 ········· 97, 105, 115, 119, 191
リストリクテッド・ストック ··············· 74
リストリクテッド・ストック・ユニット
················· 75

わ行

割当日 ···················· 72

令和元年改正会社法 —— 改正の経緯とポイント
Revision of the Companies Act of 2019 - Process and Key Points

2021 年 2 月 20 日　初版第 1 刷発行

編著者　野村修也
　　　　奥山健志

発行者　江草貞治

発行所　株式会社 有斐閣

郵便番号 101-0051
東京都千代田区神田神保町 2-17
電話(03)3264-1314［編集］
　　(03)3265-6811［営業］
http://www.yuhikaku.co.jp/

印　刷　萩原印刷株式会社
製　本　大口製本印刷株式会社

©2021, NOMURA Shuya, OKUYAMA Takeshi.
Printed in Japan
落丁・乱丁本はお取替えいたします。
ISBN 978-4-641-13862-9